成都美丽宜居公园城市建设的
价值选择与实践推进

郝儒杰　著

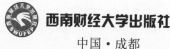西南财经大学出版社

中国·成都

图书在版编目(CIP)数据

成都美丽宜居公园城市建设的价值选择与实践推进/郝儒杰著.—成都:
西南财经大学出版社,2023.7
ISBN 978-7-5504-5768-3

Ⅰ.①成… Ⅱ.①郝… Ⅲ.①城市建设-研究-成都
Ⅳ.①F299.277.11

中国国家版本馆 CIP 数据核字(2023)第 084614 号

成都美丽宜居公园城市建设的价值选择与实践推进
CHENGDU MEILI YIJU GONGYUAN CHENGSHI JIANSHE DE JIAZHI XUANZE YU SHIJIAN TUIJIN

郝儒杰 著

策划编辑:乔 雷 冯 梅
责任编辑:乔 雷
责任校对:张 博
封面设计:墨创文化
责任印制:朱曼丽

出版发行	西南财经大学出版社(四川省成都市光华村街 55 号)
网 址	http://cbs.swufe.edu.cn
电子邮件	bookcj@swufe.edu.cn
邮政编码	610074
电 话	028-87353785
照 排	四川胜翔数码印务设计有限公司
印 刷	郫县犀浦印刷厂
成品尺寸	170mm×240mm
印 张	10.5
字 数	257 千字
版 次	2023 年 7 月第 1 版
印 次	2023 年 7 月第 1 次印刷
书 号	ISBN 978-7-5504-5768-3
定 价	68.00 元

序言

　　成都肩负着建设践行新发展理念的公园城市示范区和探索城市现代化建设国家试点示范的时代使命，这是成都服务战略全局的独特定位和实现跨越发展的历史机遇，它直接关乎成渝地区双城经济圈建设和社会主义现代化建设成都篇章以及中国式现代化城市发展道路的实践推进。党的十八大以来，习近平总书记多次亲临成都视察指导，作出重要指示批示，特别是2018年深入成都视察时首次提出"公园城市"理念，明确支持成都建设全面体现新发展理念的公园城市示范区，为成都美丽宜居公园城市建设擘画了蓝图、提供了战略引领。

　　成都美丽宜居公园城市建设以新发展理念为"魂"、以公园城市为"形"，着力塑造公园城市优美形态、激发公园城市经济活力、增进公园城市民生福祉、增强公园城市治理效能，积极探索山水人城和谐相融新实践、超大特大城市转型发展新路径。本书从三条路径展开探讨：一是探寻马克思主义以及中国共产党对城市发展的认识变迁与实践探索路径；二是梳理成都建设全面体现新发展理念公园城市的实践推进路径；三是分析和把握成都美丽宜居公园城市建设的价值选择路径。本书认为，成都建设践行新发展理念的公园城市示范区方向坚定、目标明确、部署合理、成效初显。成都以显著的推进特征和价值选择，为夯实公园城市示范区建设的实践根基增添了鲜明的亮点，初步显露"成都版"中国式现代化的意蕴。

成都美丽宜居公园城市建设是一种全新的发展模式，是对人类城市文明新形态的全新实践。成都美丽宜居公园城市建设为人类破解"大城市病"和治理城市环境问题、城市产业活力问题、城市科学规划问题提供了全新的发展范式，是对人与自然关系、人与经济关系、人与社会关系、人与生态关系、人与文化关系的一种全新阐释。成都美丽宜居公园城市建设既要在实践中创新，也要在理论上探索，还要在政策上完善。成都必须积极探索中国式现代化城市发展道路，必须不断满足市民日益增长的美好生活需要，矢志不渝沿着习近平总书记指引的方向砥砺前行，交出让党放心、让人民满意的时代答卷。

李翔宇

2023 年 5 月

目录

1 绪论

1.1 问题缘起

本书是笔者继《马克思主义视域下的脱贫攻坚研究——以四川为例》
之后的第 2 部专著。这两本专著在时间、立足点和着力点上，存在着紧密
的联系。从时间上讲，第 1 部专著出版于 2018 年，第 2 部专著的立项、调
研及部分写作工作也是始于 2018 年，两本书有着很大的连续性。从立足点
上讲，这两本书都是在习近平新时代中国特色社会主义思想的指引下，贯
彻国家重大战略，立足于四川省和成都市实际的研究成果。从内容上讲，
这两本书都是笔者围绕当时身边发生的重大事情而展开的，笔者对党中央
和国务院赋予四川省和成都市的嘱托和使命进行了研究。第 1 部专著的着
力点是脱贫攻坚战略和精准扶贫政策的贯彻实施、逻辑演进及实践路径，
笔者从理论与实践、普遍与特殊、历史与现实、抽象与具体等层面，对党
中央的脱贫攻坚战略和精准扶贫政策进行了阐释，特别是对中国共产党领
导中华民族和中国人民战胜贫困问题、迈向共同富裕所进行的波澜壮阔的
光辉实践，以及破解人类贫困的世界性难题的基本经验进行了阐释。第 2
部专著的着力点是 2018 年习近平总书记视察四川，在成都市首次提出公园
城市的科学论断；之后，国家相关部委及时出台相关政策，将成渝地区双
城经济圈建设上升为国家战略，四川省和成都市迅速开展公园城市的相关
理论研究与实践探索。笔者对中国共产党及其领导下的 2 100 多万成都人
民，为建设中国式现代化的公园城市示范区做出的贡献进行阐释，试图为
推动超大城市科学处理"人、城、产、景、居"等方面的矛盾和困境，提
供一个可供参照的坐标。

2018 年春节前夕，习近平总书记在四川天府新区成都片区视察时作出了"突出公园城市特点，把生态价值考虑进去"的重要指示。笔者学习贯彻习近平总书记重要指示精神，结合四川省委相关精神要求，及时向中共四川省委省直机关党校科研处提交了题为"成都美丽宜居公园城市建设的价值选择与实践推进"的课题申报书。同年 10 月，笔者被四川省委组织部选派为四川省委第 5 批援藏干部，赴甘孜藏族自治州开始为期 2 年零 8 个月的挂职援藏工作。在笔者刚刚到达四川省甘孜藏族自治州康定市的甘孜州民族干部学院担任讲师专业技术职务之时，笔者提交的题为"成都美丽宜居公园城市建设的价值选择与实践推进"课题喜获中共四川省委省直机关党校校级重点课题立项资助，这给笔者援藏期间加强课题研发带来了精神动力，也解决了笔者的研究成果出版经费。对课题研究的强烈兴趣和研究成果出版经费的支持，使笔者增强了工作的信心和继续研究的决心。因此，在课题获得立项后，笔者就开始关注国内外城市建设的情况，虽然身处四川省甘孜藏族自治州，但笔者的心却静了下来，开始从容思考车程 3 个多小时外的成都正在全面建设的美丽宜居公园城市。当时，笔者思考的问题如下：美丽宜居公园城市为什么是成都？为什么不是其他地区？应当从哪些方面思考美丽宜居公园城市？有哪些分析视角和分析框架能够更加准确地阐释当前成都建设美丽宜居公园城市的生动实践？成都美丽宜居公园城市有哪些理论研究成果？翻遍资料，笔者也没有发现其他城市率先尝试公园城市建设的先例，成都毕竟是习近平总书记关于公园城市重要论述的首提地，公园城市理论有着非常重要的科学内涵。成都开先河，在《成都市城市总体规划（2016—2035 年）送审稿》中明确提出，加快建设美丽宜居公园城市。四川省委十一届三次、四次全会首次把成都定位为全省"主干"，支持成都跨越龙泉山向东发展，此举为成都发展开创了历史机遇。四川省第十二次党代会作出了"加快推动成渝地区双城经济圈建设，建设推动新时代西部大开发形成新格局的战略枢纽，一定要把生态文明建设这篇大文章写好"[①] 等判断。四川省委第十二届二次全会明确以成渝地区双城经济圈建设为总牵引，以"四化同步、城乡融合、五区共兴"为总抓手，推动新型工业化、信息化、城镇化和农业现代化在时间上同步

---

① 高举习近平新时代中国特色社会主义思想伟大旗帜团结奋进全面建设社会主义现代化四川新征程：在中国共产党四川省第十二次代表大会上的报告 [EB/OL]. (2022-05-27) [2023-03-30]. https://www.sc.gov.cn/10462/10464/10797/2022/6/2/603464fbddfb4d44e7820a5f8c69fdc.shtml.

演进、空间上一体布局、功能上耦合叠加，加快推进城乡融合发展①。成都市委十三届三次、四次全会为实现新时代成都"三步走"战略目标明确了实践路径。成都市第十四次党代会发出了"牢记嘱托、踔厉奋发，全面建设践行新发展理念的公园城市示范区，积极探索山水人城和谐相融新实践、超大特大城市转型发展新路径"的号召，系统总结了过去5年来成都美丽宜居公园城市建设的成绩，即"坚持生态优先、绿色发展，宜居优势更加彰显"②。成都坚定践行绿水青山就是金山银山的理念，初步构建公园城市理论研究、规划技术、指标评价、政策法规体系。龙泉山城市森林公园加快建设，成都大熊猫繁育研究基地扩建区开园运营，环城生态公园、锦江公园全线贯通，天府绿道建成5 188千米，森林覆盖率提升至40.3%。成都扎实抓好中央环保督察、省环保督察反馈问题和长江经济带生态环境突出问题整改，深入开展"三治一增"，全部消除建成区劣Ⅴ类水质断面，深入推进锦江水生态治理，空气质量优良天数从214天增至299天，单位GDP（地区生产总值）能耗实现"五连降"，入选联合国人居署"国际可持续发展试点城市"，9个区（市、县）创建国家生态文明建设示范区。成都建设全面体现新发展理念的公园城市，正是贯彻落实党中央和省委"一干多支、五区协同""四向拓展、全域开放"战略部署的重要举措。这些重要的会议精神和实践举措，都为本书的撰写提供了非常重要的政策依据。

　　本书从3条路径展开探讨：第一条是中国共产党关于城市发展的理论探索路径，特别是公园城市理论的历史渊源、相关概念及发展变迁的理论探索路径。本书力求梳理出国内外学者关于公园城市研究的现状、趋势及评析。第二条是成都建设全面体现新发展理念公园城市的实践推进路径。本书力求探讨成都坚持贯彻新发展理念，全面推动高质量发展，推进成渝地区双城经济圈、成都城乡融合发展试验区等国家赋予的重大战略目标的举措，为成都进一步推动优化空间布局、完善市域交通体系、优化城市未来发展格局提供借鉴。第三条是从理论与实践相结合、历史与现实相结合、时间与空间相结合、自然与人文相结合的理性分析路径出发，力图从"现实图景""价值表达""创新实践""发展愿景"等维度深入探讨成都

---

① 中国共产党四川省第十二届委员会第二次全体会议公报［EB/OL］.（2022-11-29）［2023-03-30］. http://jhj.sc.gov.cn/scjhj/szfxx/2022/11/29/6e350a18a6c440fdb0f485a80ea16cb7.shtml.

② 张家华. 牢记嘱托 踔厉奋发全面建设践行新发展理念的公园城市示范区［N］. 成都日报，2022-04-27（01）.

美丽宜居公园城市建设的价值选择,进一步丰富、分析和把握成都美丽宜居公园城市建设的丰富内涵、价值特色、推进特征、实践要求,为建成人民群众向往的美丽宜居公园城市提供相应的决策参考。

因此,本书以成都美丽宜居公园城市建设为研究对象,以成都贯彻落实党中央、国务院和国家相关部委及四川省委的政策精神为主题,以成都坚持贯彻新发展理念,建设美丽宜居公园城市的创新实践为主线,以习近平新时代中国特色社会主义思想和习近平总书记系列重要讲话精神为指引,在梳理和辨析"公园城市""紧凑城市""产业城市""传统城市""花园城市""城市更新"等相关概念的基础上,重点从公园城市的提出背景、内涵特点、价值意义等方面,尽可能地描述中国式现代化的公园城市理论形态。同时,本书试图在系统梳理国外城市发展状况、特征以及相关评述和国内其他城市建设情况、特征、模式以及相关评述的基础上,寻找成都美丽宜居公园城市建设的理论依据和理论创新。本书在后面章节将介绍成都美丽宜居公园城市的现状特征、价值表达和创新实践方面的特色和亮点。成都美丽宜居公园城市建设,是新时代新征程下成都全面、完整、准确贯彻新发展理念的重要体现,全面体现了守正创新、人民至上、自信自立、问题导向、系统观念、胸怀天下这些习近平新时代中国特色社会主义思想的立场、方法和观点,为构建人类社会城市文明新形态,提供了可供参照的中国方案。

综上所述,本书的观点源自 2018 年习近平总书记视察四川天府新区成都片区时的重要论述:"天府新区一定要规划好建设好,特别是要突出公园城市特点,把生态价值考虑进去,努力打造新的增长极,建设内陆开放经济高地。"习近平总书记的这一重要论述,深刻体现了党中央对城市发展的高度关注,特别是对全面体现人的价值,以人民为中心的城市建设理念的高度重视。经过多年的发展,我国社会各个领域都发生了历史性的巨变,这些历史性的巨变在给我们一代代中华儿女和中国人民带来了史无前例的幸福感、时代感和满足感的同时,也把环境污染、交通拥堵、人口流失、产业衰败、资源枯竭、文化危机等问题带给了我们。更多的人开始涌入大城市或者超大城市,也有更多的人离开了农村、离开了县城、离开了中小城市,还有更多的人开始逃离城市,一系列城市建设中出现的问题接踵而来。于是,很多人开始思考、很多人开始反思、很多人开始批判、很多人开始追寻、很多人开始研究和关注城市发展问题。对此,习近平总书记高瞻远瞩地提出了公园城市建设的战略性部署，赋予成都建设美丽宜居公园城市，以及建设全面体现新发展理念公园城市示范区的国家级重要使命，美丽宜居公园城市成为人类城市文明新形态的伟大创举。在新时代新征程新阶段，面对我国以"不平衡、不充分"为主要特征的社会主要矛盾，如何让人民生活的公园城市更美丽更宜居？如何满足人民日益增长的对美好生活的向往？这些问题值得深思。

本书着力加强成都美丽宜居公园城市建设的理论与实践方面的研究，着眼于城市规划、城市更新、城市增绿、城市产业、城市环境、城市就业、城市业态、城市场景、城乡融合等方面的考察梳理。建设美丽宜居公园城市，需要我们更多的专业人士、学术人才，进一步对城市问题、城市现象、城市本质、城市精神、城市文化、城市理念以及城市发展规律方面的问题进行阐释和关注；还需要系统性地进行城市相关问题研究。研究者不仅要立足于城市，还要尽可能地将农村的发展和城乡发展融合统筹起来，进行系统性考量、真理性思考、规范性推进、政策性梳理，得出使成都美丽宜居公园城市建设更加科学有效的发展思路。当下，我们亟须正确认识城市发展的规律和城市发展的目标，科学认识城市的主人和城市的活力以及城市的生命，以及这些要素之间的内在联系。同时，我们还需要系统总结人类社会发展过程中关于城市建设和城市发展的经验教训，特别需要关注城市建设的典型案例，不断总结人类社会城市文明形态的发展经验，从中探索出成都美丽宜居公园城市的特殊性、时代性和普遍性特征，不断丰富和完善中国式现代化公园城市理论发展的逻辑构架，进而使成都美丽宜居公园城市建设实现城市生态为了人，城市生活滋养人，城市场景吸引人，城市文化塑造人，城市业态养育人，城市形态文明人等美好的价值目标，最终达到人与人、人与业、人与景、人与城、人与教、人与学、人与医、人与产等方面的有机统一，让人们在成都的每一个场景、每一种业态、每一次过往、每一场交流、每一回畅享都能实现对美好生活的向往。

成都美丽宜居公园城市已成为新时代新征程新阶段我国构建人类文明城市新形态的一种现实表达。

第一，要立足新发展阶段，贯彻党的二十大精神，丰富公园城市高质量发展内涵的理论要求。新发展阶段是中国共产党带领人民迎来从站起来、富起来到强起来历史性跨越的新阶段，是我们已经拥有开启新征程、实现新的更高目标的雄厚物质基础的新阶段。本书聚焦坚持以人民为中心、以生态文明为引领，将公园形态与城市空间有机融合，营造生产生活生态空间相宜、自然经济社会人文相融的发展理念，探索构建公园城市高质量建设的新模式。构建绿色生态网络，推动城乡融合高质量发展的理念包含了"生态兴则文明兴"的城市文明观、"把城市放在大自然中"的城市发展观、"满足人民日益增长的美好生活需要"的城市民生观、"历史文化是城市灵魂"的城市人文观、"践行绿色生活方式"的城市生活观，这些理念对深化公园城市的认识，重塑城市新价值具有十分重要的意义。

第二，要坚持新发展理念，贯彻习近平新时代中国特色社会主义思想和习近平总书记来川视察重要指示，这是建设美丽宜居公园城市的根本要求。坚持新发展理念，是新时代坚持和发展中国特色社会主义的基本方略之一。建设公园城市在城市规划建设史上具有开创性意义，是新发展理念在城市发展中的全新实践。本书从公园城市建设实践出发，聚焦其将"创新作为第一动力、协调作为内生特点、绿色作为普遍形态、开放作为必由之路、共享作为根本目的"的要求贯穿城市发展始终的生动实践，诠释新时代成都坚持新发展理念，把美丽宜居公园城市建设作为全面体现新发展理念城市的重要组成部分的重大意义。

第三，要融入新发展格局，落实"十四五"规划，巩固拓展成都城乡融合试验区建设成效的实践要求。加快构建以国内大循环为主体、国内国际双循环相互促进的新发展格局，是《中共中央关于制定国民经济和社会发展第十四个五年规划和二〇三五年远景目标的建议》提出的一项关系我国发展全局的重大战略任务，需要从全局高度准确把握和积极推进。本书聚焦成都推动城乡融合试验区建设的实践探索，体现"绿水青山就是金山银山"理念和"一尊重、五统筹"城市工作总要求；推进绿色生态价值转化的重要探索，以营造高品质生活环境、高质量发展环境为重点，建立以产业生态化和生态产业化为主体的生态经济体系，实现人与自然和谐共生，为成都建设高质量发展的世界城市和城乡融合试验区建设打响品牌、注入生机、塑造优势，提供有效的理论支撑。因此，本书研究的具体对象是成都美丽宜居公园城市发展的相关文献资料、社会群体对美丽宜居公园城市的价值认知状况和成都公园城市建设实践。具体而言，一是研究现有文献，梳理城市发展、公园城市和成都公园城市的有关情况。二是研究社会各群体认知状况，了解社会各界对成都公园城市的期待及成都人民对美好生活向往的现实图景。三是研究成都公园城市建设实践，进一步阐释成都建设什么样的公园城市？如何让成都变得"最美丽""最宜居""最公园"？

综上所述，本书聚焦国家赋予成都的建设成渝地区双城经济圈、公园城市示范区和城乡融合发展试验区等重大战略使命，着力从政策安排和实验探索相结合的层面，分析影响建设积极推进的各种关联因素，以推进个案研究，寻求支持使命任务有效完成的合理方法，并形成可推广的相关经验。

从学术价值看，一是推进成都公园城市建设的实践需要。时下，成都正在贯彻落实习近平总书记重要讲话精神，加快建设公园城市。本书立足成都公园城市建设实践，运用文献研究法和社会调查法等方法，研究、考量和聚焦公园城市的发展与变迁。此举有利于研究和认识城市发展的问题和特点、有利于扩宽公园城市的理论视野、有利于科学认识和把握城市发展规律。二是丰富成都公园城市建设的理论需求。当前，在中国特色社会主义进入新时代的重要历史时期，我国城市生态和人居环境面临着新形势和全新挑战。2018年春节前夕，习近平总书记在四川天府新区成都片区视察时作出了"突出公园城市特点，把生态价值考虑进去"的重要指示。成都开先河，加快建设美丽宜居公园城市。纵观公园城市理论与实践的发展历程，公园城市最早可以追溯到1847年建成的世界园林史上第一个城市公园——英国利物浦的海德公园。随着时代的发展，一系列城市问题令人们重新思考公园与城市环境的关系，人们对公园的生态价值的认识更加深入。本书着力探寻城市公园的历史起源与发展历程，以进一步丰富现代公园城市的内涵，为公园城市建设提供依据和宝贵经验。三是阐释公园城市理论发展的时代特色。作为西部地区的中心城市，成都迎来了新一轮城市发展的大好时机，同时也面临着严峻的挑战。针对当前存在的"紧凑城市""节能城市""田园城市""低碳城市""宜居城市""生态城市"等概念，国内外各个城市都在积极探索到底什么样的城市才更适合我国的具体国情？成都美丽宜居公园城市建设如何更好地体现新发展理念？如何更好地满足人们日益增长的对美好生活的向往？这些都是成都建设美丽宜居公园城市需要回答的时代命题。四是认识城市发展问题的需要。城市现代化是国家现代化的重要组成部分，城市在整个经济发展中发挥着越来越重要的作用。当前，体现时代进步、科学成就和先进技术的产业，如装备制造业、现代生物制品产业、通信设备制造业、计算机制造业、IT产业、现代服务业、现代物流业、航空业、金融保险业等几乎都集中在城市，特别是大城市。所以，城市对科学技术的发展、进出口贸易、国家和地方的财政收入，对整个社会的进步，对国家的现代化建设等发挥着核心作用。城市已经掌握了国家的经济命脉，体现了国家的经济实力和竞争力。在财富的聚集、人才的集中、居民生活和国际交往等方面，城市的地位和作用更加突出。大量事实表明，城市的主导地位已进入一个新的历史时期或发展阶段。可以说，城市发展对现代化建设作出了巨大贡献。许多城市提出率先基本实现现代化，是以先进的生产力、较高的科学技术水平、一定的经济实力和相对富裕的居民生活为基础的，反映了城市经济社会发展的客观要求。城市现代化对全国现代化起着带头和先行的作用，城市的现代化带动农村的现代化，朝城乡一体化前进和发展。五是扩宽国家中心城市建设的理论需要。当前，国家中心城市建设已经成为世界各国提升竞争力的主要抓手。全球化的进程实际上就是城市化的进程。随着经济全球化进一步深入发展，全球经济、技术、人口、文化、政治、社会领域的变革重新构建了当今世界城市的发展环境。一方面，随着全球资源流动日益频繁，各国对资本的竞争日益激烈，全球各地的城市产生了层级的分化，形成了一种对重要资源具有全球性控制能力的新型城市——全球城市。另一方面，作为区域中心的城市正变得越来越重要。深圳大学教授魏达志指出，当今世界合作与竞争的基本单位既不是国家也不是企业，而是中心城市及其所在的城市群。在这一背景下，城市的竞争力成为关系国家在全球竞争中生存发展的重大问题，而集中资源提升区域或城市的投资环境、国际形象和综合竞争力也逐步成为各国发展的重大战略。在全球化进程中，不同城市的命运也有很大差异，很多过去依靠传统资源优势、脱离信息社会仅依靠本土市场支持的城市日益衰落，而那些处于世界金融和信息核心节点的城市的枢纽地位日益突出，发展成为国际城市乃至全球城市，协调和控制全球经济命脉和社会发展历程，它们是国家发展的引擎，是一个地区走向国际的窗口。这些全球城市的出现，在一定程度上将国与国之间的竞争浓缩为城市或者城市群之间的竞争。这些转变都为我们带来了理解和重新认识城市发展的新窗口，都为我们带来了认识和发展国家中心城市的新视野。

从应用价值看，一是回应社会方方面面对成都公园城市建设的关注。习近平总书记在视察四川天府新区时指出，成都要突出公园城市特点，把生态价值考虑进去，努力打造新的增长极，建设内陆开放经济高地。公园城市作为全面体现新发展理念的城市建设新模式，遵循"一尊重、五统筹"的城市工作总要求，坚持奉公服务人民、联园涵养生态、塑城美化生活、兴市推动转型，为新时代重塑城市价值提供了新路径，在世界城市规划建设史上具有开创性意义。二是生动展示和阐释成都美丽宜居公园城市建设的实践。成都美丽宜居公园城市建设着力推动生产生活生态空间相宜、自然经济社会人文相融、"人、城、境、业"高度和谐统一的现代化城市形态，是在新的时代条件下对传统城市规划理念的升华，具有极其丰富的内涵。三是回答在何种理念下的城市生活更美好？本书立足成都公园城市坚持把新发展理念贯穿于城市发展始终，着力培育高质量发展新动能，开辟永续发展新空间，探索绿色发展新路径，构筑开放发展新优势，形成共享发展新格局，开启了社会主义现代化城市建设的全新实践，向社会各界进一步回答了"什么样的城市让人们的城市生活更美好？"这个时代命题。

从宣传价值看，一是特色鲜明的政治价值。成都建设全面体现新发展理念的公园城市，正是贯彻落实习近平总书记来川视察重要讲话精神和省委"一干多支、五区协同""四向拓展、全域开放"战略部署的重要举措。本书以新发展理念为指导，着眼于成都深入实施"东进、南拓、西控、北改、中优"战略，立足成都加快建设全面体现新发展理念公园城市的伟大创新和实践，集中阐释成都公园城市的政治意义、现实图景等内涵，具有重大的政治意义和普及意义。二是实践发展的应用价值。本书对成都美丽宜居公园城市建设的相关理念、发展特色、丰富内涵进行了进一步提炼和普及，回应了社会各界关于"什么样的城市会让生活更美好？""何种理念影响下的城市会让生活更美好？""现有城市如何经过发展、转型而让生活更美好？""城市如何发展会体现人们对美好生活向往的真实需求？"等方面的关注。如何让城市人口的生活更美好？城市的管理者、建设者、规划者应该持有什么样的认知态度？我们应该付出怎么样的努力？对这些问题的回应和阐释，具有非常重要的现实针对性和紧迫性。三是城市发展的核心价值。成都美丽宜居公园城市建设突出以人民为中心的发展思想，聚焦人民日益增长的美好生活需要，坚持以人为核心推进城市建设，引导城市发展从工业逻辑回归人本逻辑、从生产导向转向生活导向，在高质量发展中创造高品质生活，让市民在共建共享发展中有更多获得感。这是成都城市发展的核心价值。本书重点读者群体为全国各大中专院校学生、党政机关干部、企事业单位职工、高校和中小学教师以及科研院所的干部职工和专家学者。

从出版价值看，一是思想文化引领价值。文化是一个国家、一个民族的灵魂，文化强则民族强。当今时代，全球化、信息化已成燎原之势，当今中国正处于全面建设社会主义现代化国家的关键时期，目前阶段也是中国由传统社会向现代社会的急剧转型期，社会思潮、思想多元碰撞。另外，目前更是与中华民族伟大复兴宏伟目标最接近的历史时刻。因此，如何看待我们的思想文化发展？如何看待我们在推进国家中心城市建设中出现的问题、矛盾？如何理性、客观看待国际国内城市发展中人们的思想动态？通过透析历史、穿越时空，来看待城市发展的古今变迁，加以历史和逻辑上的理想审视，更有利于我们进一步把握国家中心城市建设中人们的思想文化和社会心态。由此看来，这种价值领域的引领，无疑具有正向的、正面的、积极的引领作用。二是弘扬社会主旋律，传播主流价值观。当代社会的主旋律，毫无疑问就是中国特色社会主义主流价值观。中国特色社会主义文化，源于中华民族五千年文明历史所孕育的中华优秀传统文化，熔铸于党领导人民在革命、建设和改革中创造的革命文化和社会主义先进文化，植根于中国特色社会主义伟大实践。另外，本书将会从现实与历史、国内与国外、经典与现代、文化与思想、社会与经济等维度来阐释国家中心城市建设中涉及的人和人的价值、人的本质等重大问题。三是倡导文化自信、文化自觉。没有高度的文化自信，没有文化的繁荣兴盛，就没有中华民族伟大复兴。本书紧紧围绕习近平新时代中国特色社会主义思想，立足城市发展中所蕴含的思想观念、人文精神、道德规范，紧密结合时代要求的创新实践，集中反映当前各地，尤其是成都为改善人民生活水平，加快国家中心城市建设，满足人民过上美好生活的新期待所进行的伟大创造。四是坚持问题导向，探析城市发展脉络和发展的价值取向和规律。图书的价值不同于一般的物质价值，它具有双重特征，既有精神价值，又有经济价值。不同的图书所承载的文化价值观念，决定了不同的社会文化价值的标准。城市是一面旗帜、一面镜子、一种记忆，城市是社会发展的镜子，关照着人类朝着文明的方向前进。建设国家中心城市是人类社会进入文明时代和文明城市发展水平的重要标志。因此，本书的出版从城市与人、社会与人、社会与城市、生产与城市等不同的维度来梳理和阐释社会各界的不同思想观点，深挖国家中心城市建设中出现的问题，进一步阐释国家中心城市的发展脉络、发展取向、发展规律。城市，特别是大的国家中心城市的发展状况是衡量一个国家经济和社会发展水平的重要标志。党的二十大报告对加强社会治理提出了新的要求，作出了全面部署。结合当前正处于进程中的国家中心城市建设，进一步提升城市发展水平，十分紧迫，十分必要。《成都国家中心城市建设行动纲要（2016—2025）》提出，从经济中心、科技中心、对外交往中心、文创中心、综合交通枢纽五方面重点推进，加快建设国家中心城市。本书立足成都建设国家中心城市的实践，运用文献研究法和社会调查法等方法，研究、考量和再聚焦国家中心城市的发展与变迁，有利于研究和认识城市发展的特点、有利于拓宽国家中心城市建设的理论视野、有利于科学认识和把握城市发展规律。五是文献资料价值。本书弥补了图书出版领域的缺憾。本书系统、全面、整体梳理了我国城市发展的演进历程以及成都在建设国家中心城市的发展历程中所产生的一系列重大的理论与实践。图书的出版虽然不能反映文化发展的终极价值，也不能带来立竿见影的社会发展价值，但是，图书的丰富性却是衡量和反映社会文化价值的一面镜子。这面镜子可以提高人们的科学技术水平和生活水平，促进社会生产力的发展，提高人们的道德水平和精神境界，提高人们的社会责任感和城市审美力，提高人们辨别美丑的能力和创造美好生活的积极性。

1.2　研究现状

习近平总书记关于建设公园城市的指示，是城市规划建设理念的升华，蕴含大历史观，体现哲学辩证思维，充满为民情怀，内涵极其丰富，成都市各级党组织和广大党员干部要不断深化对公园城市的认识，科学把握公园城市的本质要求，持续推进公园城市建设。公园城市作为全面体现新发展理念的城市发展高级形态，坚持以人民为中心、以生态文明为引领，是将公园形态与城市空间有机融合，生产生活生态空间相宜、自然经济社会人文相融的复合系统。公园城市是人城境业高度和谐统一的现代化城市，是新时代可持续发展城市建设的新模式。

1.2.1　研究的简要概述

城市是人民生产生活的重要空间，是经济社会发展的重要载体，是现代文明的重要标志。新时代新征程，城市居民对城市生活的质量提出了更高的要求，既要环境优美、生活健康，又要文化休闲、精神满足。2018 年 2 月，习近平总书记视察成都时首次提出"公园城市"的概念，这体现了党中央对城市发展规律的新把握，是新时代关于城市发展建设模式的新论断，是推动城市发展和生态文明建设的重大的理论创新。《中华人民共和国国民经济和社会发展第十四个五年规划和 2035 年远景目标纲要》提出，要加快转变城市发展方式，统筹城市规划建设管理，实施城市更新行动，推动城市空间结构优化和品质提升。现阶段，我国已经进入城市更新的重要时期，由大规模增量建设转为存量提质改造和增量结构调整并重，从"有没有"转向"好不好"。同时，我国城市发展面临人口、土地、资源、生态环境、基础设施、公共服务等困境，城市建设亟待突破传统发展理念和发展模式的束缚，探索全新的发展路径。"公园城市"的提出和实践，顺应时代发展的潮流，顺应城市发展的规律，顺应人民对美好生活的期待，是新发展理念的具体体现。

1857 年，美国景观设计学奠基人奥姆斯特德在纽约设计的中央公园首次将公园与城市相结合，为市民提供舒适的公共空间和放松身心的游憩地。田园城市是限制城市无限制的扩张和提高城市的环境质量的结果，但是田园城市过于理想化，对于城市居民的数量变化缺乏灵活的应对能力，同时也缺乏对人性的关怀。美国建筑师赖特的广亩城市强调城市中人的个性，反对集中主义，他呼吁人们回到过去的时代，认为分散的发展有利于人们亲近大自然，美国将逐步走向乡村。但是，赖特过于强调个人主义，造成城市发展滞后、城市文化氛围缺乏、公共服务设施私有化严重。第二次世界大战结束后，城市百废待兴，城市公园面临着前所未有的机遇，华沙重建计划、英国第一代卫星城哈罗新城规划都注重城市公园的建设，且强调城市公园与乡村公园的衔接，形成全方位、多层次的城市公园。1976 年第一次世界环境会议通过了《联合国人类环境会议宣言》，它是人类历史上第一个以保护环境为目的的全球性宣言，生态城市、绿色城市的发展理念在这一时期应运而生。近年来，国外涌现出众多主题公园，如迪士尼乐园、工业遗产公园、军港公园等，这些公园是对城市公园的补充，满足了人们多元化观赏的需求。进入 21 世纪以来，城市公园与地理学、生态学、景观学进一步融合发展，由仅注重游憩功能向更加注重生物多样性保护、人居环境改善、景观品质的提升转变。

1.2.2 研究拓展的基本情况

当下，社会各界对公园城市进行了广泛的研究和探讨，形成了一些具有理论价值和实践价值的观点，积累了丰硕的研究成果，拓展了"公园城市"学术研究的视野。总体而言，当前关于公园城市的研究呈现研究视角多样、研究内容广泛、理论得到归纳、研究局限仍然存在的特点。

第一，研究视角多样。国内学者基于各自的学术背景和研究兴趣，采用多种研究视角对公园城市的理论与实践进行了深入探讨，形成了丰硕的研究成果，为学界进行后续研究提供了重要的理论借鉴与前期探索。

一是将公园城市作为一种理念进行研究（理念视角）。有的学者认为公园城市理念体现了我国进入新时代以来，对新形势下实现什么样的城市发展、怎样实现城市发展等重大命题的探索和回应。这种探索是在尊重自然规律和城市经济发展规律的基础上，对以西方为中心的城市现代化路径和治理方式的一种超越，是对城市发展道路的拓展，是在中国城市实践中总结、提炼出来的具有普遍意义和世界价值的城市创新发展经验（王林生，2020）。有的学者认为，公园城市理念是关于城市生态文明建设的新论述，是新时代关于城市发展建设模式的全新概括和阐释，是推动生态文明建设的一次重大的理论与实践创新（赵建军 等，2019）。有的学者阐述了公园城市理念发展过程及主要特色，并将其理论知识和城市景观设计相结合，从生态、与城市衔接、公共空间共享 3 个方面探讨公园城市理念对城市景观设计的启示（范丽琼，2019）。有的学者从本源和源流的视角探讨公园城市理念，认为公园城市理念体现着"文化中孕育着自然，自然中蕴含着文化"的内涵，从而更完整地理解了公园城市理念（赵纪军 等，2020）。

二是将公园城市作为一种城市形态加以研究（形态视角）。有的学者认为公园城市是一种新的城市形态，其设计突出尊重自然本底，基于城市生态系统的优化与重组，生成城市空间形态，实现城市生态与形态的有机统一（成实 等，2018）。有的学者对公园城市形态的空间结构和类型、公园形态规划特征与指标体系进行了详细论述，认为公园形态的空间结构是公园城市形态的骨架，公园形态承载着公园城市发展的社会理想。公园城市的公园形态类型分为区域公园系统、城市公园系统、公园综合体系统、生态廊道系统等（吴承照 等，2019）。有的学者认为公园城市是贯彻以人民为中心的城市建设发展总要求，通过提供更多生态产品提升城市的品质，满足人民日益增长的对优美生态环境需求的城市发展理念、城市建设理念和理想城市结构形态模式（贾建中，2019）。

三是将公园城市作为满足人民美好生活需求的一种路径加以研究（路径视角）。有的学者认为，公园城市是生态文明视角下的可行道路，是满足人民美好生活需求的更高追求，是城市发展的新革命，他们还对公园城市的时代背景、内涵转化进行了探讨（金云峰 等，2019）。有的学者认为，建设公园城市，是新时代生态文明融入经济建设的重要路径，能更好地优化城乡关系、更新城市风貌，满足人民对美好生活的需要（胡小芳，2019）。公园城市建设是落实新时代生态文明建设和新发展理念的必然要求，是解决生态环境退化、生态产品供应不足、低效单一性发展等突出问题的必要路径，是满足人民对美好生活和优美生态环境日益增长需求的必然模式，也是城市发展的国际趋势和构建人类命运共同体的必然归宿（王香春 等，2020）。

四是将公园城市作为习近平新时代中国特色社会主义思想的重要组成部分加以论述（思想视角）。有的学者认为公园城市是习近平关于城市发展的重要论述与成都实际相结合的理论，充分体现了以人民为中心的城市发展理念，是经济新常态下城市发展的新模式，充分彰显了新发展理念（叶胥 等，2019）。有的学者认为公园城市是我国基于当前城市发展阶段对城市治理提出的一个新命题，是一种中国特色城市治理的新目标与新路径。公园城市以"绿色"为治理底色，将"以人民为中心"的工作导向作为治理宗旨，是一种人与自然融合的命运共同体，是对绿色治理核心价值理念的美好阐释（史云贵 等，2019）。有的学者认为公园城市是生态文明思想在中国城市建设领域的具体体现，探讨公园城市建设的新模式对于推动我国城市建设的健康发展意义重大（叶洁楠 等，2021）。

第二，研究内容广泛。公园城市作为一个全新的事物，需要社会各界从多个角度、多个领域加以研究和探讨。

一是公园城市相关概念阐释方面。有的学者对公园城市的背景进行了探讨，如程晨对公园城市的时代背景进行了解读，认为城市的生态价值应该被提升到一个战略高度，坚持用可持续的眼光看待未来城市发展；有的学者对公园城市的概念和内涵进行了阐述，如马玉宝认为，公园城市不是"公园"和"城市"的简单叠加，而是"公""园""城""市"四个字的含义总和，是完整的生命体，更是城市发展的高级形态。公园城市是生态的，同时也是文化的、经济的，是生活的，也是生产的（马玉宝，2019）。有的学者对公园城市的特征进行了梳理；有的学者对公园城市的意义、价值进行分析；有的学者提出了公园城市建设的基本原则、目标、问题和发展路径。作为崭新的概念，公园城市的内涵、特征、历史发展等得到了广泛关注。在概念内涵研究上，学者们梳理了风景园林与城市关系演变特点以及公园与城市关系演化，探讨了公园城市在新语境下的时代内涵。学者们普遍认为公园城市是 21 世纪新的理想型城市，它突出"人—公园—城市"三者生态和谐共生关系，并强调"公园城市为人民"的人本思想。在特征研究上，学者们认为公园城市具有人本思想、生态系统观、创新协调发展等特征。

二是历史追溯方面。学者们研究公园城市与山水城市、园林城市、田园城市、生态园林城市的历史渊源，指出公园城市是城市园林发展的现代新理念，与各时期城市园林发展一脉相承。学者们在形态研究上总结分析公园综合体、生态廊道、城市公园、区域公园等多种公园城市形态。从关键词共现关系看，风景园林学科是研究公园城市的主流学科，积极推动了公园城市理念及发展研究，比如，绿地是公园城市的重要组成部分，一些学者从公园城市背景下探讨城市绿地建设与发展。从关键词来看，公园城市研究内容涉及"绿地空间""绿地系统""绿道"等，绿地空间是城市生态基底，被视为实现公园城市建设的空间载体。从研究范围层面看，学者们聚焦区域生态绿地与城市绿地，区域层面较多关注绿地管控研究，如成都生态绿隔区管控、上海郊野公园规划管控等；城市层面较多关注城市绿色基础设施规划、绿地系统规划、游憩空间布局、城市绿道体系及建设等。从研究内容层面看，学者们突出对公园城市绿地的系统性研究，强调绿地空间的系统价值与规划建设。同时，建设公园城市是响应生态文明建设战略之大势，公园城市是生态文明理念在城市建设上的最新阐释，可以说"生态"是公园城市最重要的代名词。公园城市的生态研究涉及绿色生态价值、城市形态与生态、生态化与开放空间等内容。价值是事物存在的本质属性，公园城市最为突出的价值是绿色生态价值，一些学者以此为视角展开研究，发现公园城市建设能显著提升城市生态服务功能，其派生价值能促进城市生态建设。城市生态建设可以通过城市形态实现，有学者分析不同时期城市形态与生态空间关系，提出公园城市形态规划应以自然为底、优化和重组现有城市生态系统，达到"城在园中"的城市形态格局。也有学者将视角聚焦微观空间，研究公园城市生态化设计策略。

三是公园城市建设与实践推进方面。2017年，党的十九大报告提出了"城乡融合发展"，这是党第一次在党的文献中提出"城乡融合发展"。2019年12月，国家发展改革委等十八部门联合印发《国家城乡融合发展试验区改革方案》，确立11个国家城乡融合发展试验区，标志着城乡融合发展正式提上日程。2021年2月，国家发展改革委办公厅发布关于国家城乡融合发展试验区实施方案的复函，原则同意浙江嘉湖片区、福建福州东部片区、广东广清接合片区、江苏宁锡常接合片区、山东济青局部片区、河南许昌、江西鹰潭、四川成都西部片区、重庆西部片区、陕西西咸接合片区、吉林长吉接合片区11个试验区方案。2021年2月6日，国家发展改革委正式批复《四川成都西部片区国家城乡融合发展试验区实施方案》。2021年4月8日，国家发展改革委发布《2021年新型城镇化和城乡融合发展重点任务》，其中，四川成都西部片区被赋予5项试验任务，标志着成都城乡融合发展试验区建设进入新的阶段。2022年5月6日，中共中央办公厅、国务院办公厅印发了《关于推进以县城为重要载体的城镇化建设的意见》，进一步指出县城是城乡融合发展的关键支撑，对促进新型城镇化建设、构建新型工农城乡关系具有重要意义。为深入贯彻《国务院关于同意成都建设践行新发展理念的公园城市示范区的批复》精神，国家有关部委印发了《成都建设践行新发展理念的公园城市示范区总体方案》，四川省委、省政府出台了《关于支持成都建设践行新发展理念的公园城市示范区的意见》，以新发展理念为"魂"、以公园城市为"形"，全面推进公园城市示范区建设，打造山水人城和谐相融的公园城市，支持成都加快建成新发展理念的坚定践行地和公园城市的先行示范区。2022年4月26—29日，成都市第十四次党代会全面贯彻习近平总书记对四川及成都工作系列重要指示精神和党中央、省委重大决策部署，作出了全面建设践行新发展理念的公园城市示范区，积极探索山水人城和谐相融新实践、超大特大城市转型发展新路径的决策部署。这为加强党的建设，建设践行新发展理念的公园城市示范区提供了坚强保障。成都市委、市政府印发《成都建设践行新发展理念的公园城市示范区行动计划（2021—2025年）》，同时，为贯彻党中央、国务院，省委、省政府指示和成都市第十四次党代会精神相关决策部署，推动规划落实落地，成都市社科联、成都市社科院编制《成都都市圈建设蓝皮书（2021）》，并及时发布了2022年《成都建设践行新发展理念的公园城市示范区总体方案》。当前，四川天府新区是当下公园城市的"热门代言人"，主要是因为它是建设公园城市的经典实践案例。"成都""天府新区"等词的高频出现，体现了成都作为公园城市的重要发源地地位。成都研究与实践公园城市的举措涉及特色小镇规划、公园社区规划、社区修补、河网组织等，成都主要结合公园城市理念探索城镇规划与设计的路径方法。此外，上海、南京、深圳等地公园城市建设也受到关注，其建设举措涉及公园城市体系构建、景观更新、绿色网络构筑等。

第三，理论得到归纳。公园城市是现代城市发展新理念，有着多重逻辑意蕴，是理论、历史和实践相统一的必然结果。公园城市包含了人民美好生活需要和"五位一体"建设的整体性推进，是物质文明、政治文明、精神文明、社会文明、生态文明协调发展的城市发展新形态。总之，公园城市蕴含着深刻的内涵，在理论渊源、价值追求、理论内容三个维度实现了城市发展研究的当代转向，开创了新时代城市发展的新样态，有着科学、完整、全面的理论体系和逻辑架构。

第四，研究局限仍然存在。公园城市的研究方兴未艾，相关研究虽然视角宏大、成果丰硕，但还不同程度地存在着切入视角局部化、研究方法单一化、成果样态碎片化、跨学科合作低频化等局限。

一是进一步精准切入公园城市的表达视角创新。现有研究成果虽然从不同角度对公园城市展开了宏观式或抽象性的论述，但是研究着眼点大多还是聚焦于理论溯源、理论内涵、理论特征、理论价值以及实践创新等方面，仍然局限于传统的研究范式。对于公园城市演进的历史进程、演进特点、逻辑展开及其经验与教训，需要进行深入的梳理、总结与提炼。

二是进一步丰富公园城市的研究方法、研究方式、研究途径。通过梳理现有关于公园城市的文献资料，可以发现其研究方法多是概念分析与文本解读，呈现的是一种横向性的概念剖析与文本结构。其实，可以从实际出发，基于现实案例或相关数据等佐证材料，在系统分析的基础上，对公园城市的价值逻辑、现实逻辑以及实践逻辑进行研究，以提升公园城市理论的阐释力、话语的影响力和实践的引领力。关于公园城市的研究，就其理论本身而言，通过比较研究的方法其实更可以对公园城市的科学性进行客观对比与分析。在理论溯源上，学界普遍认为公园城市的生成蕴含着多重逻辑意蕴，其中，理论渊源多是从内涵、概念、特征等维度展开。梳理现有研究成果可以发现，这些研究在公园城市理论溯源上存在着"各自为政"的倾向，相关研究呈现出碎片化的样态。因此，在后续的研究工作中不仅需要对公园城市的理论来源进行深入挖掘，同时还应对现有思路进行整体性考察与创造性概括，并将其置于马克思主义系统观之下，找出不同理论之间的不同点与关联性，在此基础上形成完整、科学的理论体系。

三是进一步增强综合性研究和跨学科合作研究。当前关于公园城市的研究，主要集中于农林学、工学、经济学等领域，鲜有立足于公共管理学、社会学等学科的研究成果，研究视野比较单一。因此，亟须进一步加强不同学科之间的合作，拓宽公园城市的研究视域，形成更多有影响力、有价值的研究成果。通过跨学科研究的方式对公园城市的相关问题进行系统而全面的创新性探究，既是当前公园城市研究的热门方式，也是践行新发展理念的应有之义。

四是进一步丰富公园城市建设的理论创新。公园城市是一个新的城市发展模式，公园城市究竟要建成什么样子？公园城市建设的探索究竟需要一个什么样的理论支撑？学者们对公园城市有不同的认识和理解，公园城市的规划布局、建筑特征以及景观环境的指标体系还需要进一步构建，盲目增加绿地面积只会阻碍城市的发展。公园城市的指标体系和评价体系的构建依据还需要进一步明确，城市绿化率、公园面积、城市人口以及人居绿地面积等因素需要多少才能称得上是合格的公园城市，至今还没有一个统一的标准。所以要尽快构建公园城市的指标体系和评价体系。

五是进一步完善公园城市实践经验的提炼。与以往的花园城市、森林城市和生态城市相比，成都美丽宜居公园城市建设还不完善，这也导致了理论的论述缺乏实践的支撑。要加大公园城市的实践力度，增加绿化面积，保护生态环境，需要充分考虑市民和专家学者等各界人士对建设公园城市的看法和建议。公园城市最大的特点就是以人为中心，满足人民日益增长的美好生活需求，引导城市由物质利益为导向转向精神、生态、社会协调发展。

六是突出美丽宜居公园城市的规划重点。公园城市是一个大的生态系统，其建设和发展涵盖了社会生活的方方面面，但目前公园城市各项建设之间没有一个合理的优先顺序，导致城市无序发展，各功能地区相互独立，缺乏有机联系。应把城市建设拆分成若干小项，并对各个不同项目的重要程度做出等级评价，做到有的放矢，正确处理开发与保护、增量和存量以及一般和个别的关系，突出重点项目，加大投资和扶持重点企业的力度。

1.2.3 公园城市未来可期

第一，加快建设公园城市评价体系。公园城市是全新的城市发展模式，目前对其还没有一个统一的评价标准。公园城市的生态价值体现在空间尺度适宜性、景观形象独特性和空间组织完整性上，应合理划定城市生态绿线、管控城市发展红线、保护和利用城市紫线、规划河流建设蓝线，完善城市基础设施控制线。公园城市的经济价值体现在经济可持续发展和地区开发潜力上，应提高资源的开发利用率，发展循环经济，努力打造产品附加值高、资源消耗低、环境污染少的经济增长模式，增强可持续发展能力，加大城市旅游宣传力度，整合优质资源。公园城市的人文价值体现在对历史文化、风土人情和风俗习惯的保护上，应抓好对历史建筑的管控，确定历史建筑的紫线范围，严守世界遗产地、风景名胜区，科学规划城市街巷空间，加快公园城市的指标体系建设，打造敞开空间，建设生态宜居型、环境友好型的美丽城市。

第二，加大公园城市的实践力度。为加大公园城市的实践力度，可以多增加试点城市，给予城市一些特权，不要仅以地区生产总值（GDP）总量来评价城市，要充分利用当地的自然资源和人文资源，建设宜居、和谐、生态、环保的现代城市，让城市的价值能够最大化；加快乡村公园和城市主题公园的建设力度，形成城乡统筹、城乡一体化的公园城市发展格局；鼓励市民积极参与公园城市建设，将工作地点就近选择在居住区附近，从而改变市民出行方式，引导市民选择公共交通、步行、共享单车等低碳的出行方式；注重场景空间的体验，根据人的需求从空间建造向场景塑造转变，增强空间归属感、场景体验感，让市民在生活中享受到宜居，在工作中享受到宜业。同时，要把实践得出来的优良理论、经验向全国推广，由点带面，全面深化公园城市的建设。

第三，突出公园城市的特色。传统意义上的城镇化更多地表现为地域空间的城市化，即以土地扩张为工具、以增量发展为导向的"速度型"城镇化，这种城镇化方式虽然可以在较短的时间内增加城市的数量和规模，但也忽略了城市化的根本目的是为人做规划。公园城市在规划中要更加注重人的因素，以人的感受来规划和发展城市。因此，公园城市规划要从人的视角来考虑建筑的体量和大小，营造环境怡人的氛围，深化人对城市的感知，增强城市的可识别性，美化城市景观，创新城市管理模式，合理规划城市，而不是使其成为"见地不见人"的规划。同时要突出不同城市的特色，增强城市的可辨识度，避免千城一面。例如，将上海的弄堂、福建的土楼以及皖南地区的徽派建筑与当地现代建筑相融合，让建筑具有历史文化底蕴。在公园城市建设的过程中要求切实把握好保护与开发的关系。

目前，公园城市正处于理论体系的深入、完善和优化阶段。但是，由于公园城市是一个复杂的城市生态系统，所以，对其认识与实践规律的把握不能一蹴而就，未来应以建设和发展公园城市为主线、以提升城市居民生活环境为核心、以解决关键问题为出发点。随着研究的深入，公园城市理论体系将进一步得到发展和完善，从而为城市的可持续发展提供中国智慧和中国方案。同时，公园城市的内涵有待进一步阐释。从字面上看，公园城市由公园和城市组成，公园在古代指官家的园子，供极少数人享受，而现在一般指政府为了提高公众生活品质和美化城市环境而划定的公共区域。"城"主要是为了防御敌人或者野兽的袭击而用城墙围起来的区域；"市"是一种交易的场所。城市是由非农产业和非农人口聚集而形成的较大居民点。公园城市的本质是以城市生态建设为核心，以环境保护为出发点，以城市的文化和城市精神为规划建设依据，促进生态平衡、社会和谐、文化繁荣、经济发展和政治建设有序进行，注重以人为本，切实保障人民群众的利益。公园城市不是简单地在城市规划建设中增加公园和绿地的面积，而是要形成公园包含着城市、城市置身于公园之内的发展形式。发展公园城市要求践行"绿水青山就是金山银山"的发展理念，使得农耕文明、工业文明和现代科技文明等多种文明交相辉映、和谐共生。

1.3 研究思路

党的十九大报告对我国社会主要矛盾的结论是"中国特色社会主义进入新时代，我国社会主要矛盾已经转化为人民日益增长的美好生活需要和不平衡不充分的发展之间的矛盾。"[①] 依据这个判断，可以确认，我们前进征途上影响目标实现的最重大问题无疑是不平衡不充分的发展。因此，解

---

① 习近平. 决胜全面建成小康社会 夺取新时代中国特色社会主义伟大胜利：在中国共产党第十九次全国代表大会上的报告 [N]. 人民日报，2017-10-18（02）.

决好发展的不平衡不充分这个最重大问题，就成为新时代制定路线方针政策最为直接的着眼点，这个最重大问题也是重大战略的集中指向，针对这个集中指向展开理论研究和实践探索，必须遵循习近平新时代中国特色社会主义思想。中国社会发展不平衡不充分的形态是多样化的，具有非常复杂的表现，但从总体上说，对现代化影响极为深刻的是城市和乡村这两个差异巨大的社会领域。习近平总书记强调："没有农业农村现代化，就没有整个国家现代化。在现代化进程中，处理好工农关系、城乡关系，在一定程度上决定着现代化的成败。我国作为中国共产党领导的社会主义国家，应该有能力、有条件处理好工农关系、城乡关系，顺利推进我国社会主义现代化进程。"① 这个论述，是清晰认识成都城乡融合发展，推进公园城市乡村表达生动实践的精准指南。这个指南要求我们必须构建现代化的宏观视野，紧扣现代化强国建设的新征程，真正领悟党中央的乡村振兴战略和实现共同富裕的高远意图，这是我们观察和研究整体的学理框架。因此，在上述学理分析的基础上，成都聚焦《成都建设践行新发展理念的公园城市示范区行动计划（2021—2025 年）》，力争到 2025 年，公园城市示范区建设取得明显成效，公园形态与城市空间深度融合，蓝绿空间稳步扩大，城市建成区绿化覆盖率不断提升，公园绿化活动场地服务半径覆盖率不断提升，地表水达到或好于Ⅲ类水体比例，空气质量优良天数比率稳步提高，生态产品价值实现机制初步建立。对标《成都建设践行新发展理念的公园城市示范区行动计划（2021—2025 年）》的各项要求，成都应立足新发展阶段，完整、准确、全面贯彻新发展理念，服务和融入新发展格局，坚持以人民为中心，统筹发展和安全，塑造公园城市优美形态，增进公园城市民生福祉，激发公园城市经济活力，增强公园城市治理效能，探索山水人城和谐相融新实践和超大特大城市转型发展新路径。

　　本书总体上围绕"什么样的公园城市会让人们的生活更美好、更宜居？""什么是公园城市？""成都要建设什么样的公园城市？""建设美丽宜居公园城市的主体为什么是成都？""成都美丽宜居公园城市如何能让人民生活更美好？"这几个问题展开。同时，本书在习近平新时代中国特色社会主义思想和习近平总书记对四川省和成都市的系列重要指示批示精神的指引下，梳理成都美丽宜居公园城市建设的相关政策和成都市辖区内有关

---

① 新华社. 习近平主持中共中央政治局第八次集体学习并讲话［N］. 光明日报，2018-09-23（01）.

区（市、县）推动成都美丽宜居公园城市建设，加强建成全面体现新发展理念的公园城市示范区的有关实践探索情况，对下列问题进行探讨：

（1）新时代新征程，围绕解决好"人民日益增长的美好生活需要和不平衡不充分的发展之间的矛盾"，系统分析成都应如何建设全面贯彻新发展理念的公园城市？成都应如何拓展公园城市乡村表达的实践路径？成都应如何全面建设社会主义现代化城市？成都应如何高质量地完成好国家赋予的成渝地区双城经济圈建设、成都市公园城市示范区建设和成都市城乡融合试验区建设的重要使命？

（2）阐释"人民日益增长的美好生活需要和不平衡不充分的发展之间的矛盾"。对成都来讲，这一问题的答案就是破解"城市和农村"这两个领域的巨大差异，就是破解成都美丽宜居公园城市建设进程中面临的，由"不平衡不充分"为主要特征的社会主要矛盾导致的多种复杂问题和局面。

（3）如何立足新发展阶段、贯彻新发展理念、构建新发展格局，走好成都美丽宜居公园城市高质量发展之路？

（4）"高质量发展是全面建设社会主义现代化国家的首要任务。"[①] 成都美丽宜居公园城市建设如何走好高质量发展之路？在完成国家赋予的建设成渝地区双城经济圈和成都城乡融合发展试验区重要使命的同时，如何更加有效地推进成都公园城市示范区建设？如何在成渝地区双城经济圈重大战略下，通过促进城乡融合发展，推进成都美丽宜居公园城市建设，进而实现乡村振兴、城市繁荣？

（5）推进美丽宜居公园城市建设，成都有哪些可复制、可推广的经验和措施？

（6）实践中，成都美丽宜居公园城市建设应该从何处入手？成都美丽宜居公园城市建设的理论依据有哪些？成都美丽宜居公园城市建设又有哪些借鉴经验？成都美丽宜居公园城市建设的现状特征、价值表达、创新实践？

对上述六个方面重大理论命题和实践问题的回答，正是本书重点梳理提炼的主要内容。

1 绪论主要分为七个部分：一是从问题缘起来介绍本书写作的由来和选题的初衷，以及本书写作的意义。二是从研究现状来重点梳理当前学术

---

① 习近平. 高举中国特色社会主义伟大旗帜为全面建设社会主义现代化国家而团结奋斗：在中国共产党第二十次全国代表大会上的报告 [M]. 北京：人民出版社，2022.

界关于本书的选题，也就是成都美丽宜居公园城市建设相关研究成果，重点梳理2018年以来的研究成果。三是介绍本书的研究思路。四是重点辨析和研究与公园城市相近的相关概念，如绿色城市、山水城市、紧凑城市、园林城市、花园城市、生态城市等，着重梳理成都美丽宜居公园城市建设的理论支撑。五是介绍本书采用的主要研究方法，如定性与定量相结合法、文献研究法、社会调查研究法。六是介绍本书的重点章节、重要观点、写作难点、思维困惑。七是进一步说明本书在选题、写作视角、研究方法、相关观点、重要概念、写作思路等方面的创新之处。

2理论依据主要从公园城市的提出背景、公园城市的配套政策、公园城市的内涵特征、公园城市的价值意义等方面，对成都美丽宜居公园城市建设的理论依据进行系统梳理，探讨公园城市的提出背景和内涵特点，这也是本书写作的理论基石。

3他山之石主要从国外城市建设和国内其他城市建设的特点、经验等方面进行系统探讨，以期为学者们探讨和理解成都美丽宜居公园城市的特征提供一条可供参照的路径。同时，也为当前和今后的建设者推进美丽宜居公园城市建设提供一些操作层面和认知层面的借鉴。

4现状特征主要围绕成都美丽宜居公园城市建设的成果、总体思路、主要做法和推进特点等方面，从局部与整体、个别与一般、要素与系统入手，梳理成都美丽宜居公园城市在实践推进中呈现的现状特征。

5价值选择主要从公园城市的生活价值、文化价值、经济价值、生态价值、社会价值等维度进行提炼和阐释成都美丽宜居公园城市的价值表达。这些方方面面的价值始终围绕着"人"这个主体，聚焦"人民对美好生活的向往"这个主线。本章从生活、文化、经济、生态、社会等维度，尽可能地对成都美丽宜居公园城市的价值进行梳理，这部分也是本书写作的重点部分。

6创新实践主要聚焦成都美丽宜居公园城市的创新实践，重点立足成都辖区内的区（市、县），围绕突出生态绿化、营造生活场景、坚持科学理念、推进城乡融合、凝聚多方合力方面的重要举措进行阐释和梳理。

第七章也是本书的结束语，主要阐明成都美丽宜居公园城市的发展方向，成都美丽宜居公园城市的建设趋势。

1.4 相关概念

本书研究的一个主要特点，就是系统梳理"公园城市""生态城市""山水城市""花园城市""园林城市"等概念，分析这些相关概念的内涵与外延，为后面章节介绍成都美丽宜居公园城市建设的理论依据、科学内涵以及国内外其他城市的相关实践启示，提供一个可供理解或者参考的视角。

公园城市是习近平总书记于2018年2月视察四川天府新区时首次提出，这是新时代新征程下中国共产党提出的关于城市建设、城市发展、城市治理的全新视角。公园城市突出了生态价值特征，成都美丽宜居公园城市建设承载着习近平总书记"把生态价值考虑进去"的嘱托，坚持以人民为中心，全面完整准确地体现新发展理念，将人们生产生活生存生态空间与经济社会人文发展在公园城市建设形态上有机融合起来，既是全面体现人的价值，实现人、城市规划、场景建设、产业发展、生态绿色、教育养老等高度统一的现代化城市新模式，也是优化城市功能、激发城市活力、促进城市更新、美化城市环境的新形态。从2018年公园城市理念在成都首次提出，到2023年成都先后被赋予成渝地区双城经济圈、公园城市示范区、城乡融合发展试验区等国家级战略，公园城市的理念经历了首次提出→顶层设计→中层推动→基层探索的历程，完成了从蓝图到制定规划再到实施规划的过程，实现了由"公园城市的理论设想"到"成都美丽宜居公园城市的现实表达"的生动实践。从价值目标上看，成都美丽宜居公园城市体现以人民为中心的价值定位。从发展模式上看，成都美丽宜居公园城市更加注重城市优化、城市公平、城市更新效率以及城市生态环境建设。从发展理念上看，成都美丽宜居公园城市是在习近平新时代中国特色社会主义思想的指引下，全面完整准确体现新发展理念的公园城市，围绕人的全面自由发展的终结目标，更加突出公共、共享、公平、绿色、生态、创新、协调等价值理念。从发展形态上看，成都美丽宜居公园城市是新时代新征程中国共产党人关于推进城市建设、城市发展和城市治理的伟大实现，对创新城市发展理论作出了更多的原创性贡献。成都美丽宜居公园城市，具有公园城市的普遍性特征，也有立足成都独特的自然地理人文传统等方面的特征，整体建设原则体现为"宜山则山、宜水则水、宜田则田、宜商则商、宜学则学"等，注重优化城市生态环境、发挥城市功能、提升城市发展效率和城市产业效能的高度统一，尤其是将生态宜居放在了公园城市建设的首位。由此看来，成都美丽宜居公园城市是集生态、社会、人文、经济、宜居、康养、教育等多种价值功能于一体的复杂性系统工程。

"生态城市"，主要以建设城市生态公园为特征，拓宽城市绿地面积，针对过度工业化带来的城市环境污染、城市产业空间缩减、城市人口流失、城市就业困难等问题，改善城市环境，为城市增加绿色，扩建城市生态公园，以更加优美的城市环境吸引更多的城市青年和城市产业和人口回流，从而激发城市活力的一种城市发展模式。生态城市的主要特点有：一是重视城市生态环境建设。比如，针对城市生态环境恶化，通过编制城市规划，优化城市绿色布局，严格城市管理，保护城市绿色等一系列措施为城市公共空间增绿。二是以城市公园建设为抓手。比如，在城市建设过程中，对城乡空间、城乡功能、城乡空间布局进行调整，充分利用城市公园建设弥补城市发展的不足，应对城市环境挑战。三是公园属性较强。比如，城市生态公园，就是城市居民生活和参与建设的一个公共空间，人们可以在这里休闲。但是，把人的生存空间和生活空间，用生态公园这种人造场景隔离开来，无法扭转城市衰败、城市环境污染等现实问题。随着时代的发展，这种城市发展模式已经被越来越多的学者认定为是一种只顾眼前利益的短视行为，不是解决城市未来发展的根本行为，最终会被人们抛弃。

"山水城市"被学界普遍认为是我国古代城市发展的一种模式，是古人在处理人与自然关系方面进行的一种城市建设的尝试。山水城市与我国各地独特的山河湖水田草沙等自然环境密不可分，也与我国的历史文化传统紧密相连，其主要打造一个人为设计的生活空间。比如，古代皇城、行宫的建设，都重点突出了山水特色与传统的周易等思想的融合。但是，古代山水城市的主人并不是人民群众，而是统治者及其利益集团。从历史唯物主义视角出发，任何违背人民群众意志的实践都将被人民群众所抛弃，古代的山水城市也一样。

"花园城市"在我国城市理论与实践的发展中具有较大的影响。孙中山在武汉和南京的规划中，将我国古代山水城市理念、西方城市建设理念与当地独特的自然地理生态相结合，进行了花园城市实践，随后柳州、梧州、杭州也对古代山水城市进行改良，拆除了传统意义上的城市围墙或者城墙，进行了环城花圈建设和绿地休闲设施建设，为人们享受生活创造条件。

"园林城市"是 20 世纪在我国开始提及并发展起来的一种城市形态，主要侧重园林建设对城市环境的美化实践。这种美化实践，并不单单指城市风景园林化建设得有多美，更多的是在城市建筑、城市规划以及城市公共空间建设等方面，强调要更加符合美学的设计要求。但是，园林城市过度偏重于设计，过度强调美学元素，没有关注城市是人的城市，是人们生产生活的物质空间与精神空间，无法满足人的多样化选择和多元化需求。

由此可见，成都建设美丽宜居公园城市，是党中央赋予的重要使命和国家赋予的战略性安排，与生态城市、山水城市、花园城市、园林城市等相比，成都建设美丽宜居公园城市不仅突出了以人为核心的城市功能定位，还破解了生态城市、山水城市、园林城市等城市形态建设过程中面临的无法调和的矛盾，这个矛盾突出地表现在城市功能和城市价值以及城市建设的理念上。成都美丽宜居公园城市建设，全面坚持习近平新时代中国特色社会主义思想和习近平总书记视察四川省、成都市的系列重要指示精神，全面准确完整地体现新发展理念，遵循宜城则城、宜山则山、宜田则田、宜园则园等城市建设的原则性与灵活性，妥善处理生态性、功能性、人文性、历史性、经济性、社会性、宜居性之间的矛盾，集中回答了成都美丽宜居公园城市为谁而建，靠谁来建，怎么建设等重大理论问题和现实困惑。因此，美丽宜居公园城市彰显了人的自由全面发展终极目标与宜居宜业宜游的具体目标的高度和谐统一，是中国共产党领导下社会价值、经济价值、人文价值和生态价值有机统一的人类城市文明新形态，是新时代新征程中国共产党对城市发展理论的原创性贡献，在世界城市发展史上具有独特的中国特色、中国魅力和中国气派。

1.5 研究方法

针对不同的研究阶段、研究环节、研究对象，本书采取不同的研究方法，主要是定量分析和定性分析相结合的研究方法。在研究初期的文献梳理阶段，本书主要采取文献计量研究方法，分析和回顾当前公园城市的研究概况；在采集数据和收集原始资料阶段，本书主要采用传统的座谈法、访谈法、问卷调查法，了解社会各界对成都美丽宜居公园城市的认知与期待，以及成都公园城市建设的现实图景。

第一，文献研究法。本书对成都美丽宜居公园城市建设的相关资料和研究成果进行收集、整理、分析，这是笔者开展研究的前提和基础。在阅读成都城乡融合试验区建设、成渝双城经济圈建设、公园城市乡村表达、公园城市、新发展理念、城市更新、城市增绿等方面的相关文献资料后，笔者力求从整体上把握相关研究成果，并从中提取有价值的信息，进而为本书的撰写提供理论支撑。

第二，个案分析法。笔者选取成都市下属的个别区（市、县）作为研究对象，分析其城乡融合发展的基本情况、存在的问题，并在此基础之上提出相应的改进对策。比如，深入成都市郫都区相关街道、社区，聚焦郫都区全面推进"两拆一增"（拆违建、拆围墙、增绿化）构建绿色生态网络的有关情况，掌握第一手资料后开展研究。

第三，访谈法。笔者通过访谈该领域的若干专家、学者，为破解研究过程中的相关问题寻求支撑。在座谈过程中，笔者加深了对成都美丽宜居公园城市建设、成都建设全面体现新发展理念的公园城市示范区和成都城乡融合发展示范区建设的认识。

第四，SWOT 分析法。本书追溯、探究和运用各种调查研究方法，分析成都在推进美丽宜居公园城市建设和公园城市示范区建设过程中面临的各种环境因素，包括外部环境因素和内部环境因素。其中，外部环境因素包括机会因素和威胁因素，它们是外部环境的有利因素和不利因素；内部环境因素包括优势因素和弱点因素，它们是内部环境存在的积极因素和消极因素。在此基础上，本书综合考察成都美丽宜居公园城市建设的理论基础、政策支撑、历史依据、现实体制机制运行状况、特色经验案例、共性问题、成功实践、逻辑脉络等相关内容。比如，本书主要采用 SWOT 分析法，从优势、劣势、机会和威胁四个方面，聚焦郫都区公园城市乡村表达、构建新兴城乡关系、有效推动城乡融合、实现城乡要素双向流动、构建城乡融合相关体制机制等实践，从现状梳理、问题分析、阶段特征、效果评价等方面考察分析，回答以下几个方面的问题：成都立足新发展阶段，完整、准确、全面贯彻新发展理念，服务和融入新发展格局，建设公园城市示范区的有关情况；成都坚持以人民为中心，统筹发展和安全，建设公园城市示范区的有关情况；成都厚植绿色生态本底、塑造公园城市优美形态的有关情况；成都创造宜居美好生活、增进公园城市民生福祉的有关情况；成都营造宜业优良环境、激发公园城市经济活力的有关情况；成都健全现代治理体系、增强公园城市治理效能的有关情况；成都建设高质量发展、高品质生活、高效能治理相结合的公园城市示范区的有关情况。

第五，研究计划及可行性。第一阶段：2019年6月至2020年11月，笔者赴北京、上海、广州、西安、贵阳等城市进行调研，形成城市现状分析报告，同时，笔者深入各大图书馆、博物馆、天府新区规划馆进行调研和文献梳理，为下一步的调研和成果形成做铺垫。第二阶段：2020年12月至2021年8月，笔者深入成都市公园城市建设局等市级相关单位和成都市下属的部分区（市、县）进行座谈、访谈，再次开展专题调研及补充调研。笔者深入机关、农村、社区、学校、企业、公园、田间等场所进行访谈、座谈，完成田野调查和整理口述等工作，初步掌握公园城市建设的情况和各行各业从业者对公园城市的新期待、新设想，并进行了系统分析和研判，形成报告。第三阶段：2021年9月至交稿，完成初稿，修改完善。

第六，本书研究的可行性。本书研究的可行性来自严谨的研究设计、科学的研究方法和长期深入实际的调查研究。多年来，笔者高度关注城市化进程和成都美丽宜居公园城市建设相关问题，在研究过程中收集了大量的前期研究资料，咨询了很多来自社会各个领域的朋友，加上笔者挂职援藏结束之后，有了更加宽裕的时间和精力，到成都市下属的各个区（市、县）进行深入考察，对成都美丽宜居公园城市建设有了一定程度的了解，形成了较为客观的认识和更加广泛的视野。同时，笔者利用在陕西师范大学攻读博士研究生期间获得的学术资源，深入了解国内其他城市的城市建设、城市更新、城市规划、城市生活、城市产业、城市文化、城市精神等多方面的情况。这些信息丰富了笔者对成都美丽宜居公园城市建设的横向认识、纵向认识以及历史与现实的时空思考，为本书的撰写奠定了较为坚实的基础。另外，笔者所在的单位也有非常丰富的文献资料储备和较为齐全的科研设备，以及长期深入的社会调查研究资料和坚实可靠的硬件、软件环境，这些为本书的成功撰写提供了有力的保障。

1.6　重点难点

本书第五章分析了成都在美丽宜居公园城市建设过程中的纠结、矛盾与困惑，并通过个案研究法分析其实践走向与创新亮点。分析与提炼这些重要观点和问题，需要整体性着眼和系统性思考。当前城市研究已经呈现出的综合性和交叉性特征，比如生态环境、大数据、文化特色、经济活力、城市精神、人口结构等方面的因素之间的相互支持、相互融合，已经成为研究成都美丽宜居公园城市建设的重点内容。

本书的难点是第六章。一是在理论创新方面。本书立足成都建设美丽宜居公园城市的实践，重点关注成都美丽宜居公园城市的理论创新、制度创新和实践创新，坚持规范化的实证科学研究路径，侧重跨学科研究范式和分析方法，科学系统地阐释成都美丽宜居公园城市的丰富含义。二是在实践应用和服务决策方面。本书围绕"何种理念影响下的城市会让生活更美好？""什么是公园城市？""成都要建设什么样的公园城市？""成都美丽宜居公园城市如何让生活更美好？"等问题展开，回应美丽宜居公园城市建设的社会需要，以期为美丽宜居公园城市建设的管理者、规划者、决策者提供参考。

1.7　创新之处

美丽宜居公园城市建设，是以习近平同志为核心的党中央赋予成都当前和未来的重大政治任务和时代使命，是成都贯彻落实成渝地区双城经济圈建设重大决策部署的重要内容，对我国探索山水人城和谐相融新实践、超大特大城市转型发展新路径具有重要意义。

本书创新点之一，以习近平新时代中国特色社会主义思想为指导，坚持贯彻中央、省委、市委会议精神，对标《成都建设践行新发展理念的公园城市示范区行动计划（2021—2025 年）》，系统审视、深入挖掘成都市辖区内有关区（市、县）推动城乡融合发展、促进公园城市乡村表达的相关理论、问题分析、经验梳理和路径创新。更重要的是，本书力求从学理上探寻成都公园城市示范区建设和成都城乡融合发展试验区建设的规律、路径，总结提炼城乡融合发展试验区促进成都公园城市乡村表达的重点领域进展和成功案例，以及成都市城乡融合发展示范区建设的相关理论依据，为下一步研究奠定一定的学术基础。比如，本书紧紧围绕人民群众美好生活需要，结合四川省委构建"一干多支、五区协同"的发展战略，从社会各界广泛关注的成都建设美丽宜居公园城市的实际出发，分析回应"何种理念影响下的城市会让生活更美好""成都公园城市如何建设才能让生活更美好"等话题和观点。

本书创新点之二，从政策安排和个案探索相结合的层面，以习近平总书记关于乡村振兴重要论述为指导思想，分析成都城乡融合试验区建设和积极推进公园城市乡村表达的各种关联因素，深入挖掘现有相关理论、研究成果，并提炼出相关理论依据，为进一步研究奠定学术基础。本书寻求有效完成公园城市示范区建设目标的合理方法并形成可推广的相关经验。比如，在论证过程中，从生活环境入手，本书立足成都美丽宜居公园城市建设实践，致力开展成都美丽宜居公园城市建设本土经验和原创性研究，试图解答"大城市发展存在的人口过多、公共设施紧张、就业困难增大等结构性矛盾的现实困境""美丽宜居公园城市建设如何更好体现新发展理念、如何实现对美好生活的向往""如何让新发展理念指引下的公园城市生活更美好、更宜居"等问题。

本研究创新点之三，试图在已有研究的独到应用价值方面有所尝试。本书聚焦成都美丽宜居公园城市建设的具体任务目标，着力从政策安排和实验探索相结合的层面，分析各种关联因素。本书以成都市各区（市、县）推动以城乡融合发展促进公园城市乡村表达的实践为切入点，进行个案研究，寻求支持试验任务有效完成的合理方法并形成可推广的相关经验，具有十分重要的应用价值。本书重点聚焦成都市公园城市乡村表达的实践个案，从系统角度出发，分析其实施情况、经过、存在的不足等情况，提炼出公园城市建设的重要举措。

2 理论依据

2.1 理论基础

理论基础是本书研究的前提，也是本书撰写的总依据。本书坚持以习近平新时代中国特色社会主义思想和习近平总书记视察四川省和成都市系列重要讲话精神为指引，系统梳理马克思、恩格斯和中国共产党推进城市建设和城市发展的理论思考与实践推进，以期描绘出一条深入理解成都美丽宜居公园城市建设的理论路径。

2.1.1 马克思、恩格斯关于城市建设的理论

马克思、恩格斯曾经对"城市建设""城市发展"进行过相关的论述和思考。马克思、恩格斯生活的那个时代正值资本主义发展的早期，伦敦、巴黎等城市的机械化大工业蓬勃发展，城市化进程、城镇化进程充满活力。马克思、恩格斯一生的大部分时光也是在这些城市和地区度过的，他们目睹了资本主义的早期发展，亲身感受了资本主义城市的发展和城市的建设，并开始对城市的发展和城市的建设进行了一定程度的反思。这些特殊的生活经历和独特的社会阅历，使马克思、恩格斯在其相关著作中，不时闪现着他们对早期资本主义工业化城市发展和城市建设中客观存在着和正在形成的一系列问题和现象的深刻反思。遗憾的是，个人的认识能力总是受到历史条件和个人精力等因素的制约，并不同程度地打上那个时代的烙印，马克思、恩格斯也不例外。他们并没有形成或者产生系统化、体系化的关于"城市建设"和"城市发展"的相关理论。马克思、恩格斯关

于"城市建设"和"城市发展"的认识大多分散在《政治经济学批判》《奥地利的海外贸易》《德意志意识形态》《反杜林论》《论住宅问题》《共产党宣言》《英国工人阶级状况》《资本论》等理论作品中。仔细梳理上述作品中关于城市的论述，大概能够提炼出马克思、恩格斯对早期资本主义发展阶段城市建设和城市发展的某种认识和评价。当前学界已经有许多研究者在这个方向上做出努力，尽可能地梳理马克思、恩格斯关于"城市建设""城市发展"方面的学术思想和观点，并取得了一定的成果。

马克思、恩格斯站在历史唯物主义和辩证唯物主义的立场，对早期资本主义城市的发展和建设，进行了一定程度的考察和评价。比如，马克思、恩格斯在《德意志意识形态》中认为，"物质劳动和精神劳动的最大的一次分工，就是城市和乡村的分离。城乡之间的对立是随着野蛮向文明的过渡、部落制度向国家的过渡、地域局限性向民族的过渡而开始的，它贯穿着文明的全部历史直至现在。"① 马克思、恩格斯看到，在早期资本主义社会化大生产实践中，城市和乡村都发生了巨大的发展和变化，特别是出现了物质劳动和精神劳动的分工。更为重要的是，他们看到了早期资本主义大发展时期的城乡发展和城乡对立，这一特殊现象逐渐成为人类社会向文明时代迈进的重要标志。但是，他们并没有对城乡发展和城乡对立的这种状态进行否定，而是站在历史唯物主义的立场上进行审视。同时，他们在《资本论》中说道，"一切发达的、以商品交换为媒介的分工的基础，都是城乡的分离。可以说，社会的全部经济史，都概括为着这种对立的运动。"② 可见，马克思、恩格斯并没有直截了当地指出这种所谓的"分工"或者"分离"，以及对城乡发展进程的"肯定性"或者"否定性"认识，而是从唯物史观的视角出发，看到了这种"分离"呈现出一种运动状态，存着于城乡发展之中，并把这种城乡分离的状态称为社会经济发展史的重要组成部分。另外，他们在《政治经济学批判》中指出："中世纪（日耳曼时代）是从乡村这个历史的舞台出发的，然后，它的进一步发展是在城市和乡村的对立中进行的；现代的历史是乡村城市化，而不像古代那样，

---

① 马克思，恩格斯. 马克思恩格斯选集：第1卷［M］. 中共中央马克思恩格斯列宁斯大林著作编译局，译. 北京：人民出版社，2012：184.

② 马克思，恩格斯. 资本论：第1卷［M］. 中共中央马克思恩格斯列宁斯大林著作编译局，译. 北京：人民出版社，1975：390.

32 成都美丽宜居公园城市建设的价值选择与实践推进

是城市乡村化。"① 在这里，马克思、恩格斯进一步指出了城乡发展对于社会生产力的积极作用，并把城乡对立的矛盾运动作为近代人类社会进入文明时代的重要标志，这已经成为文明社会区别于古代社会的重要内容。马克思、恩格斯的这种既有对立，又有统一的分析视角，为我们深入理解和把握成都美丽宜居公园城市建设，提供了一种非常具有积极意义的方法论分析架构。还有，他们在《资本论》中认为，"工业不断使商业发生革命，商业的统治权现在也是和大工业的各种条件或大或小的优势结合在一起的。"② 这里，马克思、恩格斯更加形象地将前面对城乡分离和城乡对立的认识上升到了一定的哲学高度，城乡分离、城乡对立是工业不断发展和商业革命的结果，也就是说，社会生产力的发展推动了城乡分离和城乡对立。同时，在城乡分离和城乡对立这种矛盾运动格局形成过程中，一定的社会生产关系，或者说是经济基础开始形成。这种社会生产关系或者经济基础，又反作用于城乡分离、城乡对立的社会生产力的发展，创造了古代社会无法比拟的社会物质财富和社会精神财富。除此之外，城乡分离和城乡对立在推动社会财富整体性增加的同时，也促进了乡村的进步。

马克思、恩格斯高度重视，并将城乡分离、城乡对立的社会生产关系的发展归结为社会生产力的发展，也将早期资本主义城市的繁荣和乡村农业社会的巨大进步以及两者之间的运动格局归结为社会生产力的发展。这"两个归结"，形成了相对统一的运动机制。这就是城乡分离、城乡对立的社会生产力与社会生产关系的矛盾运动，就是城市繁荣与乡村发展之间既对立又统一的社会生产力与社会生产关系的矛盾运动。马克思新世界观和科学实践观能有重大发展，是因为历史唯物主义，或者说是唯物史观在这些矛盾运动背后起着重要的作用。马克思、恩格斯对城市的功能作了一个定位性的解释，即"他们把伦敦变成了全世界的商业首都，建造了巨大的船坞，并聚集了经常布满泰晤士河的成千的船只……这一切是这样雄伟，这样壮丽，简直令人陶醉，使人在踏上英国的土地之前就不能不对英国的伟大感到惊奇"③，"只有法国这样的国家才能创造巴黎。只有当你看到了

---

① 马克思，恩格斯. 马克思恩格斯选集：第2卷［M］. 中共中央马克思恩格斯列宁斯大林著作编译局，译. 北京：人民出版社，2012：733.

② 马克思，恩格斯. 资本论：第3卷［M］. 中共中央马克思恩格斯列宁斯大林著作编译局，译. 北京：人民出版社，1975：372.

③ 同①.

这一美丽国家的惊人的财富时，你才懂得这个光辉灿烂、宏伟壮丽的无与伦比的巴黎是怎样产生的。"① 在这里，马克思、恩格斯再一次证实了人民群众创造伟大历史的决定性作用。城市的发展是人民群众推动的，城市的繁荣离不开人民群众的伟大创造，城市并不是自然而然生成的，而是处处充满着人的主观能动性的伟大创新性实践，城市的壮美，始于人民群众的伟大创造。城市创造的一切财富，都源自人民群众的伟大创造，没有人民群众，也就没有了壮美的城市和源源不断的巨额社会财富。一句话，人才是城市的主人。

由此可见，考察马克思、恩格斯对"城市建设"和"城市发展"的相关表述，虽然并不能真正梳理出马克思、恩格斯语境中的"城市建设"或者"城市发展"理论，也不能确切、完整地概述出"城市建设""城市发展"的基本原则，或者把握这些重要的概念演进的基本线索，但是，从学术研究的视角出发，我们根据个别论断和观点，站在新世界观的立场上，也就是站在新唯物史观的立场上对人类文明时代的"城市文明""城乡发展""城乡对立""城市产生""城市形态"进行思考，可以总结一般性规律。从上述的梳理中，笔者发现这样一条主线，即"社会分工是推动城市产生和发展的决定性力量，人的全面发展要求消除旧的分工"，其中的关系，我们可以理解为"人的全面发展产生了双重批判，既是对包括资本主义社会化大生产在内的所有社会分工的否定性批判，也是对城市产生和发展的决定性力量的社会分工的否定性批判"，其实质，就是对"社会分工"的否定性批判。从某种程度上讲，社会分工推动了城市的产生和城乡分离以及城乡对立，促进了社会化大生产，整体上推动了社会生产力的发展。因此，社会分工成为资本主义社会化大生产发展的前提，也成为社会生产力发展的前提，也是城市产生和发展、城乡分离、城乡对立的决定性因素。社会分工的存在与发展，导致人类社会进入了文明时代，产生持续复杂的社会分工，人们为了生产劳动，进行了多种形式的聚集，又通过多种形式的聚集和多生产组织形式进行了一系列有组织有目标的活动，这些活动形成了一个聚集性的社会形态。这样，一个高度繁荣发达的生产劳动的组织形态得以塑造，推动了我们今天所讲的"城市"和"乡村"的出现。如果消除了社会分工，也就从根本上否定了"城市"和"乡村"产生的前提和基础，也就否定了人类生产劳动的形式。在这两种社会形态的特

---

① 马克思，恩格斯. 马克思恩格斯全集：第5卷 [M]. 中共中央马克思恩格斯列宁斯大林著作编译局，译. 北京：人民出版社，1958：551.

殊安排下，一幅壮美的生产劳动图景呈现在了人们眼前，即"任何人都没有特殊的活动范围，而是都可以在任何部门内发展，社会调解着整个生产，因而使我们有可能随自己的兴趣今天干这事，明天干那事，上午打猎，下午捕鱼，傍晚从事畜牧，晚饭后从事批判。"① 后来，人们把马克思、恩格斯的这段生动性描述称为"理想的图景"，或者"共产主义的画卷"。在这里，马克思、恩格斯并没有直截了当地指出要消灭社会分工，要消灭城市和乡村。他们更加生动地论述了社会分工、城市、乡村以及城乡分离、城乡对立等新型城乡运动关系的积极意义。这些都为成都美丽宜居公园城市建设，提供了重要的实践启示。

2.1.2 中国共产党探索城市建设和城市发展的实践活动

中国共产党在探索城市建设和城市发展的波澜壮阔的实践中，不断推动"两个结合"，推动北京、上海等大城市全面恢复生产生活秩序，深圳等经济特区成功建设，成都公园城市示范区全面创建，这些举措为建设"人类城市文明新形态"积累了丰富的宝贵经验。新阶段，我国正处于全面建成社会主义现代化强国的关键时期，成都美丽宜居公园城市建设也处在我国探索人类城市文明新形态的重要阶段。但是，这个重要的关键时期和发展阶段，并不是一天两天就能够顺利度过的，需要一个长期奋斗的历史过程。这个历史过程同样受制于我国新时代新征程以"不平衡、不充分"为主要特征的社会主要矛盾。对于成都来说，在这一社会主要矛盾的制约下，无论是美丽宜居公园城市建设，还是国家中心城市建设，无论是成都公园城市示范区建设，还是新型城镇化建设，都普遍存在显著的"不平衡性"和"不充分性"，并且在局部地区，这种特征还表现得更为明显，日渐突出。当今世界，科学技术和信息革命以及人工智能等都在不同程度地改变着人类生活、生存和生产的各个领域，世界财富、一流技术和一流人才等高端稀缺资源力量，将会随着科技信息和人工智能的发展，越来越明显地聚集在少数国家和地区。在这一背景下，成都这个拥有 2 100 多万人口的超大城市正是这一轮巨变的主体。坚持以人民为中心，坚持人民至上，建设美丽宜居公园城市已经成为成都提升国际竞争力和影响力的重要手段。

第一，坚持党的集中统一领导，通过加强制度建设，凝集城市建设力量。新中国成立前夕，面对反动武装力量的进攻，党中央和毛主席于1947

---

① 马克思，恩格斯.马克思恩格斯选集：第1卷［M］.中共中央马克思恩格斯列宁斯大林著作编译局，译.北京：人民出版社，1995：85.

年 5 月成立了中央工委临时机关，经晋绥解放区、晋察冀解放区进入晋冀鲁豫解放区，筹备召开全国土地会议。1947 年 10 月，《中国土地法大纲》正式颁布，极大地激发了农民支援解放战争的积极性，为解放大城市提供了保障。

第二，加强制度建设，通过增强城市建设力量，最大限度地凝聚城市建设和城市发展共识。1948 年 9 月，毛泽东指出："我们政权的阶级性是这样：无产阶级领导的，以工农联盟为基础，但不是仅仅工农，还有资产阶级民主分子参加的人民民主专政。"① 新中国成立后，有很多事业需要我们去建设，特别是在北京、上海这样的大城市的管理实践中，我们面临着与国民党反动派、特务等形形色色的危害党的事业和人民群众生产生活的不稳定因素做坚决斗争，也面临着提高人民群众生活水平，恢复城市人民应有的生活生产秩序和稳定健康的社会局面等艰巨任务。城市建设和城市发展的诸多领域，都需要在党的领导下，团结包括工人、农民、知识分子、无党派人士以及民主党派等社会团体，通过多种途径凝聚各方建设城市和发展城市的合力。如何凝聚城市建设和城市发展的合力？如何团结可以团结的城市建设和城市发展的强大力量？如何提高城市建设和城市发展多方因素的积极性？这些问题都是当时各大城市面临的首要问题。党中央及时统一了全党思想，用好"两个结合"，在工作待遇、工作职务等方面团结党外人士，用"当学生"的态度多方问计。同时，党还制定了自身队伍建设的"两个务必"② 和"六个规定"③，以此加强党的队伍作风建设，

---

① 中共中央文献研究室，中央档案馆. 建党以来重要文献选编（1921—1949）：第 25 册 [M]. 北京：人民出版社，2011.

② 在党的七届二中全会上，面对解放战争即将迎来全面胜利、党即将执掌全国政权的形势，毛泽东高瞻远瞩地对全体党员提出的一个根本要求，即"两个务必"。1949 年 3 月召开的党的七届二中全会，规定了党在全国胜利后的各项政策，明确将党的工作重心从乡村转移到城市。在会议上，毛泽东告诫全党，夺取全国胜利只是万里长征走完了第一步，以后的路更长，工作更伟大、更艰苦，为此他提出"务必使同志们继续地保持谦虚、谨慎、不骄、不躁的作风，务必使同志们继续地保持艰苦奋斗的作风"。同时，他还要求全党同志要警惕骄傲自满情绪，警惕资产阶级"糖衣炮弹"的攻击。"两个务必"的提出，不仅在当时起到了警醒全党的作用，而且直到现在都具有指导意义。

③ 1949 年 3 月，中共七届二中全会在西柏坡召开，为了防止革命胜利后党内可能出现的麻痹、松懈情绪，根据毛泽东的建议，制定了"六条规定"：一、不做祝寿；二、不送礼；三、少敬酒；四、少拍掌；五、不以人名作地名；六、不要把中国同志和马恩列斯平列。简简单单的六条，看似朴实无华，却内涵丰富、实在管用，它照鉴了共产党人博大无私的情怀，彰显了共产党人的人格魅力。

以作风建设取信于民，为后来的"进京赶考"，管理北京、上海等大城市打下了良好的实践基础和制度保障。

第三，大力发展生产力，抓主要矛盾，及时将工作重心转移到城市建设上来。1949年3月，毛泽东在党的七届二中全会上提出，"从现在起，开始了由城市到乡村并由城市领导乡村的时期。党的工作重心由乡村移到了城市。"① 可见，抓经济建设和发展社会生产力，已经成为巩固社会主义无产阶级政权建设的重要内容，加强城市建设，推动城市发展，迫切需要发展生产力。这里着重需要注意的就是，在党的七届二中全会上，党中央把工作重点放在了城市建设上，这也是由当时社会主要矛盾的发展决定的。当时，我国社会主要矛盾的发展决定着党和国家事业发展的重心工作，决定着党和国家政策制定和执行的重点和焦点。要解决好社会主要矛盾及其主要方面，需要紧紧抓住发展社会生产力这个最具有活力的因素，还要从党和国家事业发展的全局考虑，整体着眼，系统推进。这些宝贵的经验和有效做法，在后来解放上海和城市管理的实践中得到了很好的验证和借鉴。解放上海过程中，我党实现了经济、政治、军事、文化等多个方面的综合推进，不是只打其中的"某一张牌"，或者"某一个方面"，最终，仅仅用了16天的时间，上海就回到了人民的手中。同时，为促进城市经济秩序的恢复，我党进一步增强城市经济活力，通过公私合营等方式，完成了对资本主义工商业的社会主义改造，保持了上海经济社会发展的应有水平和质量。这些成绩的取得，离不开党中央对上海这座城市的特殊因素的全面分析，离不开党中央对上海这座城市的特殊情况的科学判断。

第四，坚持改革开放，抓经济建设，敢闯敢干、先行先试的伟大探索。改革开放是我们党加强城市建设，推进城市发展，完善城市治理的一项成功法宝。邓小平指出："我们面临的一项重要任务，是要发现、培养和使用人才……搞专业化。"② 城市建设、城市发展和城市治理，需要科学优化配置各种城市资源，做到物尽其才、人尽其用。当我们面临城市建设资源、技术、理念、工具等不足以支撑城市建设、城市发展、城市治理等目标实现的时候，需要通过改革来激发城市内各要素资源的活力和水平，

---

① 毛泽东. 毛泽东选集：第4卷 [M]. 北京：人民出版社，1991：1427.

② 中共中央文献研究室. 邓小平年谱（一九七五—一九七七）：上卷 [M]. 北京：人民出版社，2004：617.

需要通过引进和借鉴其他城市的宝贵经验和优秀做法，来弥补城市资源的短板。1991年，邓小平指出"上海过去是金融中心，是货币自由兑换的地方，今后也要这样搞。"[①] 1992年，邓小平强调"必须大胆吸收和借鉴人类社会创造的一切文明成果，吸收和借鉴当今世界各国包括资本主义发达国家的一切反映现代社会化生产规律的先进经营方式、管理方法。"所以，城市建设、城市发展、城市治理需要不间断地发展社会生产力，适时调整社会生产关系，制定和优化有利于城市发展的各种制度和政策，繁荣城市经济，激发城市活力，为城市的文化、生态等文明要素提供坚实的物质基础。另外，还需要引进城市发展的外部资源和有效做法，有效实践"两个结合"，加强各种政策机制的供给，推动城市文明、城市活力、城市精神在城市发展中熠熠生辉。邓小平嘱托深圳，"我们建立经济特区，实行改革开放政策，有个指导思想要明确，就是不是收，而是放。""允许看，但要坚决地试。看对了，搞一两年对了，放开；错了，纠正，关了就是了。"[②]

第五，从先行先试到先行示范，建设成都公园城市示范区。建设先行示范区，开展有部署有步骤的试点试验，是中国共产党推进城市建设，激发城市活力，振兴城市产业，推动城市更新，建设城市的有效经验。改革开放初期，党推进深圳、珠海、厦门等城市建设的光辉成就，为中国特色社会主义城市建设道路提供了宝贵的经验和生动的案例。这些生动的城市建设案例，都有一个共同的特征，就是竖起了中国特色社会主义的大旗，将人民群众对美好城市生活的向往和对城市未来发展的新期待一步步实现。上海浦东、深圳、珠海、厦门等地的实践，再一次证实了中国特色社会主义制度的优越性，向世人阐释了中国共产党进行城市建设、乡村发展的能力水平。这一能力水平的决定性判断，就是中国共产党对中国特色社会主义城市建设规律、城市发展规律、城市治理规律的科学把握和运用。

第六，用习近平生态文明思想指导成都美丽宜居公园城市建设。习近平生态文明思想是习近平新时代中国特色社会主义思想的重要组成部分，是成都美丽宜居公园城市的重要精神指引。这一重要精神指引，主要体现在成都美丽宜居公园城市建设的世界观与方法论上面。成都美丽宜居公园

---

① 邓小平. 邓小平文选：第3卷 [M]. 北京：人民出版社，1993：366
② 邓小平. 邓小平文选：第3卷 [M]. 北京：人民出版社，1993：373.

城市建设的生动实践有力地阐释了习近平生态文明思想的科学性。科学的精神指引，源自习近平生态文明思想对人民群众正确处理和把握人与自然、人与城市、城市产业与城市文明、绿水青山与金山银山等要素系统，在主体功能和价值目标等方面的辩证把握。其中，科学把握生态文明的内涵，为世人正确认识和把握生态与文明的辩证运动关系，提供了新的认识路径。生态建设与人类文明相辅相成，正所谓"生态兴则文明兴"。习近平生态文明思想科学把握和谐共生的内涵，为世人正确认识人与自然之间的辩证运动关系，开辟了新的视野，从人与自然辩证运动的状态和目标方面，揭示了和谐共生的新境界（生态自然观）。习近平生态文明思想科学把握生态价值转换的内涵，向世人生动阐释了"绿水青山就是金山银山"的辩证运动逻辑，绿水青山是资源也是财富，绿水青山转化为金山银山，就是生态资源或者生态产品的生态价值实现的过程；没有绿水青山也就没有金山银山，绿水青山是第一性，金山银山是第二性，绿水青山的存在状态决定着金山银山的转化状态。习近平生态文明思想将上述生态认识论、生态自然观、生态发展观有机结合，放入一个复合循环的整体系统之中，这个系统就是党的二十大报告所讲的"山水林田湖草沙一体化保护和系统治理"的生态系统论，最后落脚点就是人民群众对美好生活的向往。

成都美丽宜居公园城市建设，全面贯彻习近平生态文明思想，并将其中所包含的生态认识论、生态自然观、生态发展观、生态系统论以及服务人民美好生活向往的生态价值论，全面贯穿公园城市示范区建设始终。习近平生态文明思想指引成都美丽宜居公园城市建设，坚持系统观念，坚持人民至上，着力推进"宜山则山、宜水则水、宜田则田、宜林则林、宜业则业、宜城则城、宜绿则绿"等实践探索，实现生态生产生活生存与自然经济人文社会融合发展的城市空间结构布局，是人城景业居系统构建、有机统一、运行有序、绿色生态的城市文明新形态。以人为核心的美丽宜居公园城市，让城市不再是一个传统意义上的商品交易的场所式空间场景，也不再是一座座高楼、一条条公路、一辆辆公交车等高速运转的功能性空间场景。成都美丽宜居公园城市建设，聚焦人民群众对美好生活向往的最高价值目标，坚持人民至上，坚持贯彻新发展理念，充分体现公园城市建设、公园城市更新、公园城市治理、公园城市规划、公园城市业态等，全面突出了人民对美好生活向往的发展效果导向。

习近平生态文明思想对成都美丽宜居公园城市建设具有重要的价值转化指引。成都独特的资源禀赋，决定着成都城市生态产品的特殊形态和特殊品质。成都美丽宜居公园城市建设，将其独特的天府文化、城市精神、美食产品、气候特色与城市规划、城市业态、城市生活、城市节奏有机融合，形成了美丽宜居、人民至上、尊重自然的城市文明新形态，这本身就是一种对人与自然、城市生态生活生产生存与经济社会人文治理有效融合的现实表达，是对城市发展理论的重大突破，这也是富有中国特色、中国风格、中国味道的城市建设理论的原创性贡献。习近平生态文明思想对成都美丽宜居公园城市在城市建设主体、城市发展主体、城市价值导向等方面的指引，主要体现为对"成都美丽宜居公园城市依靠谁来建？""成都美丽宜居公园城市为谁而建？"等问题的回答。成都美丽宜居公园城市建设的主体是人民群众，也就是具体现实中的成都市民，以及更多关注成都美丽宜居公园城市建设的其他地区的人士和朋友。同时，成都美丽宜居公园城市建设的一切规划和一切设想，都是立足于满足人民群众对美好生活向往远大目标的具体化而来的，成都开通市长热线、网络问政、问计于民等有效实践活动，吸纳了更多的人民群众关心和关注着成都的发展。成都坚持城市增绿，城市生态富民、生态惠民、生态福民，不遗余力地提升着公园城市建设的独特魅力，提升着人民群众的获得感、归属感和幸福感。通过"公园+消费""公园+产业""公园+文创"等举措和"周末经济""夜间经济"新场景，成都这座千年古城更加美丽宜居，更加富有诗意和烟火气息。所以，成都美丽宜居公园城市建设过程中，通过政府主导、公众建设、智慧服务、制度保障、自觉参与、全民享用的城市新形态，通过美丽宜居公园城市建设的实践参与，人民群众的环境保护生态观念、绿色生活消费意识、共享发展生活意识逐步达成共识，公园城市美丽宜居的生态价值路径的多元化、多模式化和生态产品的多样化、多层次化都有了更大力度的突破，群众在成都的生活体验变得更加直观、更加公益、更加共享。这些都是成都美丽宜居公园城市建设坚持贯彻习近平生态文明思想，坚持贯彻新发展理念，坚持贯彻习近平总书记视察成都系列重要讲话精神指引的重要体现。

2.2 配套政策

自公园城市的概念问世以来，全国上下围绕"美丽宜居公园城市建设"进行了一系列决策部署，成都也在加紧进行政策推进。成都一直把美丽宜居公园城市建设作为当前和今后工作的"总目标"，出台一系列相关政策，推动美丽宜居公园城市的整体建设，为探索人类城市文明新形态，更好地满足人民对美丽宜居公园城市生活的向往，不懈努力。

习近平总书记在成都首次提出公园城市建设 4 个月后，也就是 2018 年 6 月，四川省委十一届三次全会审议通过了《中共四川省委关于深入学习贯彻习近平总书记对四川工作系列重要指示精神的决定》和《中共四川省委关于全面推动高质量发展的决定》。同年 7 月，成都市委十三届三次全会审议通过了《中共成都市委关于全面贯彻新发展理念加快推动高质量发展的决定》和《中共成都市委关于深入贯彻落实习近平总书记来川视察重要指示精神加快建设美丽宜居公园城市的决定》。2019 年，习近平总书记在中国北京世界园艺博览会开幕式上指出，生态文明建设已经纳入中国国家发展总体布局。同年，《2019 年新型城镇化建设重点任务》明确，将成渝城市群与京津冀城市群、长三角城市群和粤港澳城市群并列；同年 12 月，国家发展改革委等 18 部门制定并印发了《国家城乡融合发展试验区改革方案》，把成都西部片区等全国 11 个区域确定为国家城乡融合发展试验区，部署开展 11 项改革试验，其中赋予成都 5 项试验任务。2020 年，国家发展改革委提出支持成都建设践行新发展理念的公园城市示范区；同年 7 月，成都国家城乡融合发展试验区建设动员会召开，成都努力建设公园城市先行区，加快建设国家城乡融合发展试验区；同年 9 月，四川省人民政府第 55 次常务会议审议通过了《四川成都西部片区国家城乡融合发展试验区实施方案》，成都城乡融合发展试验区建设进入新阶段；同年 10 月 16 日，中共中央政治局审议通过了《成渝地区双城经济圈建设规划纲要》。《中华人民共和国国民经济和社会发展第十四个五年规划和 2035 年远景目标纲要》也明确提出，开展现代化城市试点示范。2021 年 2 月，国家发展改革委复函，原则同意《四川成都西部片区国家城乡融合和发展试验区实施方案》（以下简称《方案》），根据《方案》，成都西部片区国家城乡融合发展试验区范围包括温江区、郫都区、都江堰市、彭州市、崇州市、邛崃市、大邑县、蒲江县全域。2021年10月，中共中央、国务院印发了《成渝地区双城经济圈建设规划纲要》，要求成都建成践行新发展理念的公园城市示范区。2021年12月，重庆市委、四川省委、重庆市人民政府、四川省人民政府联合印发了《重庆四川两省市贯彻落实〈成渝地区双城经济圈建设规划纲要〉联合实施方案》。2022年2月，国务院批复，同意成都建设践行新发展理念的公园城市示范区，并指出："示范区建设要以习近平新时代中国特色社会主义思想为指导，全面贯彻党的十九大和十九届历次全会精神，完整、准确、全面贯彻新发展理念，加快构建新发展格局，坚持以人民为中心，统筹发展和安全，将绿水青山就是金山银山理念贯穿城市发展全过程，充分彰显生态价值，推动生态文明建设与经济社会发展相得益彰，促进城市风貌与公园形态交织相融，着力厚植绿色生态本底、塑造公园城市优美形态，着力创造宜居美好生活、增进公园城市民生福祉，着力营造宜业优良环境、激发公园城市经济活力，着力健全现代治理体系、增强公园城市治理效能，实现高质量发展、高品质生活、高效能治理相结合，打造山水人城和谐相融的公园城市。"① 2022年3月，国家发展改革委、自然资源部、住房和城乡建设部联合印发《成都建设践行新发展理念的公园城市示范区总体方案》（发改规划〔2022〕332号）。该方案提出了"统筹谋划、整体推进。聚焦重点、创新突破。因地制宜、彰显特色。稳妥有序、防范风险"② 的工作原则和"城市践行绿水青山就是金山银山理念的示范区，城市人民宜居宜业的示范区，城市治理现代化的示范区"③ 的发展定位。另外，该方案还提出，"到2025年，公园城市示范区建设取得明显成效。到2035年，公园城市示范区建设全面完成"④ 的发展

① 国务院. 国务院关于同意成都建设践行新发展理念的公园城市示范区的批复国函〔2022〕10号［EB/OL］. （2022-01-28）［2023-03-30］. 中华人民共和国中央人民政府网，http://www.gov.cn/zhengce/content/2022-02/10/content_5672903.htm.

② 关于印发成都建设践行新发展理念的公园城市示范区总体方案的通知发改规划〔2022〕332号［EB/OL］. 中华人民共和国中央人民政府网，http://www.gov.cn/zhengce/zhengceku/2022-03/17/content_5679468.htm.

③ 同②.

④ 同②.

目标。2022 年 4 月，成都市第十四次党代会以《牢记嘱托 踔厉奋发 全面建设践行新发展理念的公园城市示范区》为主题，明确了"全面建设践行新发展理念的公园城市示范区，在践行绿水青山就是金山银山理念、城市人民宜居宜业、城市治理现代化上率先突破，奋力打造中国西部具有全球影响力和美誉度的现代化国际大都市。"①的总体目标。成都市第十四次党代会明确了当前和今后 5 年成都市工作的总目标，成都市围绕这个工作总目标，又明确了 6 个方面的具体目标作为成都全面建设践行新发展理念的具体支撑：一要实现"创新驱动发展取得新突破"；二要实现"国际门户枢纽实现新跃升"；三要实现"绿色低碳转型迈出新步伐"；四要实现"世界文化名城彰显新魅力"；五要实现"幸福成都品质得到新提升"；六要实现"超大城市治理达到新水平"。成都市提出的上述"总体目标"和"具体目标"，始终聚焦一个主题，就是要"建设践行新发展理念的公园城市示范区"，这是成都市牢记嘱托，建设社会主义现代化城市的重要历史机遇。2022 年 5 月，成都市印发《成都建设践行新发展理念的公园城市示范区行动计划（2021—2025 年）》。这些文件为成都美丽宜居公园城市建设提供了良好的政策支撑和优质的实践支撑，标志着在习近平新时代中国特色社会主义思想和习近平生态文明思想的指导下，特别是习近平关于公园城市系列重要论述精神的指引下，成都美丽宜居公园城市建设进入了新阶段，全面开启了公园城市示范区建设的全新探索。成都美丽宜居公园城市建设是一种全新的发展模式，是对人类城市文明新形态的全新实践，对于破解"大城市病"，治理城市环境问题、城市产业活力问题、城市科学规划问题提供了全新的发展范式，是对人与自然、人与经济、人与社会、人与生态、人与文化关系的一种全新阐释。

2.3 内涵特征

内涵和特征是深入把握成都美丽宜居公园城市建设的关键性因素，决定着人们认识成都美丽宜居公园城市建设的价值选择和推进方向，并从根

---

① 吴亚飞，程文雯. 成都全面建设践行新发展理念的公园城市示范区 [N]. 四川日报，2022-04-27 (01).

本上体现着人们对美丽宜居公园城市建设规律的认识水平和把握能力。因此，本书在系统梳理公园城市的理论基础、相关概念以及提出背景等相关内容的基础上，对成都美丽宜居公园城市的内涵和特征进行阐释，对于我们进一步理解成都美丽宜居公园城市的实践推进状况和把握美丽宜居公园城市的价值选择，回答成都美丽宜居公园城市如何更好地建设，成都美丽宜居公园城市如何更好地体现人民群众对美好生活的向往等问题，具有重要的现实意义。

本书要从成都美丽宜居公园城市的内涵上回答"是什么"的问题，从成都美丽宜居公园城市的特征上回答"怎么样"的问题。这两个问题的实质，就是以中国式现代化推进中华民族伟大复兴的公园城市理论形态形成和发展的过程，分为"两个归结"：一是把公园城市理论指导公园城市建设的过程归结为，公园城市理论的"科学性""实践性"和"批判性"问题。科学理论的发展离不开人们对实践检验理论的科学运用和形形色色非科学理论形态的科学批判。二是把公园城市实践检验公园城市理论的过程归结为，中国共产党推进成都美丽宜居公园城市建设的实践过程与中国共产党扬弃形形色色城市建设与城市发展理论的批判过程的有机统一。"两个归结"是我们进一步阐释成都美丽宜居公园建设的价值意义的方法和桥梁。

公园城市理论的科学性源自中国共产党领导的成都美丽宜居公园城市建设的伟大实践。任何科学理论的发展离开实践的探索都是苍白无力的。5年来，中国共产党领导成都美丽宜居公园城市建设的成就，向全世界证明了中国式现代化公园城市理论的科学性。成都美丽宜居公园城市是成都人民在习近平新时代中国特色社会主义思想和习近平生态文明思想以及习近平总书记视察四川省、成都市系列重要讲话精神指导下的伟大实践，是成都市乃至四川省在新时代新征程，全面完整准确体现新发展理念公园城市的生动实践，是成都落实习近平总书记关于"把生态价值考虑进去"系列重要嘱托的时代使命和实践要求，是中国共产党探索人类城市文明新形态，带领2100多万成都人民实现对美丽宜居公园城市生活向往的历史担当。为了将上述重要嘱托、时代使命、实践要求和历史担当，更好地贯彻到美丽宜居公园城市的建设当中，四川省以及成都市各部门积极对接相关部委，坚持线上线下征求意见建议，专门召开省委、市委党代会和全会，及时制定和发布系列相关政策机制，形成"顶层设计—中层推进—基层探索"上下一盘棋的推进格局，对美丽宜居公园城市建设进行全新探索。

2018年2月习近平总书记首提公园城市，标志着"公园城市理论"这一中国式现代化城市发展理论形态的正式诞生。随后，党中央和国务院召开专题推进会，制定和发布了相关文件，完成了公园城市建设的顶层设计。国家有关部委和四川省及时跟进，出台实施相关政策文件，特别是研究制定了成都美丽宜居公园城市建设的相关办法，完成了公园城市建设的中层推进。成都市及其辖区内的各区（市、县）积极进行相关探索，创造性地完成了富有中国特色、中国气派、中国风格的成都美丽宜居公园城市建设的基层实践。这一系列的制度、政策、机制的构建、出台和推动，使公园城市由最初的概念设想发展成为相对成熟、定型的理论形态，并经过"顶层设计—中层部署—基层探索"证实了公园城市理论的科学性和正确性，实现了公园城市从科学到现实的理论发展逻辑。比如，在科学理论形态的指导下，成都市科学利用自然规律，在公园城市建设的过程中，突破固有的思维范式，跨越东部的龙泉山，打通成都市传统意义上的中心城区，破解了传统意义上的"两山夹一城"（"两山"指成都市西边的龙门山脉和东边的龙泉山脉，"一城"指传统意义上的成都"老城区"）的自然地理困局，将龙泉山脉建成世界上最大的城市森林公园，龙泉山脉东侧的简阳市（成都市辖区域）纳入成都美丽宜居公园城市建设的主战场。为了进一步推进公园城市建设，四川省和成都市又在原来的传统成都市辖区（市、县）的基础上，进一步优化自然国土空间，打破行政区域的限制，划定了成都东部新区，充分按照美丽宜居公园城市的全新理念、标准、原则进行规划、部署和推进，探索出公园城市乡村表达的新道路，成为成都美丽宜居公园城市建设对接成渝地区双城经济圈建设的示范区之一。成都美丽宜居公园城市建设中的示范区，除了东部新区之外，还有成都市金堂县的淮州新城、四川天府新区范围内的空港经济区等区域，这些公园城市示范区区域建设的基层探索，将公园城市理论在基层实践中进行了有效的丰富和发展。

公园城市理论的实践性得益于习近平新时代中国特色社会主义思想的指导，得益于中国式现代化推进中华民族伟大复兴的创造性探索所形成的公园城市理论的科学指导。任何实践创造的发展离开科学理论的指导都是不切实际的。公园城市理论的发展水平已经由公园城市理论的萌芽阶段上升到现在的稳步定型阶段，这个理论发展程度给学界的总体感觉就是"时间短、实践性强、体系构建全、影响力大、内容元素多"等。从公园城市理论的架构要件看，公园城市的生态性、人文性、共享性是其最重要的要件。

第一，成都美丽宜居公园城市建设的生态性。生态性主要体现为成都美丽宜居公园城市的主体需求，也就是人们在生产、生活、生存、生态方面对公园城市建设的美好向往。其中，在生产方面，人们主要关注就业、收入以及生态产品等。比如，成都市整体优化了各个区（市、县）的产业功能区分布，在成都西部的郫都区、温江区、大邑县、彭州市、都江堰市等8个区（市、县）重点建设国家级城乡融合发展试验区，利用当地独特的地势、水利、气候等自然条件，打造彭州市蔬菜基地、郫都区三道堰灌区、崇州市的川西林盘以及包括大邑县、邛崃市、蒲江县等区域在内的天府粮仓。这些区（市、县）利用独特的自然地理条件，宜农则农、宜田则田、宜林则林、宜蔬则蔬、宜果则果，建设了很多独具特色的生态农产品基地，依托公园城市建设，在解决城市和乡村的就业和增收方面进行了有益的尝试。因此，国家赋予成都下辖8个区（市、县）建设国家城乡融合发展试验区，有力地促进了成都美丽宜居公园城市的建设。在生活方面，人们主要关注绿色低碳消费习惯、绿色低碳生活理念以及生活环境的舒适度。比如，人们在公园城市如何更加绿色低碳和高质量发展。在生存方面，人们主要关注城市生活中的健康需求和医疗需求。比如，满意的绿色、美丽的街区、宽松的氛围、便利的交通、缓慢的节奏、清洁的空气、温馨的环境等都是人们热切向往的。成都近年来打造了很多开放的美丽街区，比如，成都市的平乐古镇、街子古镇、黄龙溪古镇、哲学小镇、宽窄巷子、锦里、武侯祠、望丛祠、芳草湖湿地公园、浣花溪湿地公园、青龙湖湿地公园、锦城湖湿地公园、鳌山公园、望江公园等。在生态方面，人们主要关注人与自然、人与经济、人与社会、人与人文等和谐共生发展的科学认知以及合理追求。比如，成都市公园城市突出增加绿色、绿地面积，增加原生态绿色公共场所的建设，科学规划城市内的河网工程，优化交通建设，突出本土文化街区和茶馆、餐饮等服务业建设等。又比如，成都市以人的生活生存生产为重点，在城市交通、建筑、景观等设计方面，充分考虑人的具体生活需要，以社区、庭院、村组为设计单元，构建布局合理的 15 分钟绿色生活生态圈，为人们的生活休闲提供多样化的公共服务产品。

第二，成都美丽宜居公园城市建设的人文性。城市文化是城市建设的灵魂，是城市发展的文脉，是城市精神的沃土。成都美丽宜居公园城市建设立足本土地形、地貌、河流、林草、动植物等现实元素，从整体性和系统性视角出发，将本土历史文化和生活习俗融入城市建筑设计理念、城市风景规划、城市街区空间布局、城市场景塑造等过程。成都在这些城市景观和城市交通的设计和规划中，根据人的需求，在新发展理念的推动下，形成"人与城市交通文化、人与城市公园文化、人与城市产业文化、人与城市景观文化"等和谐共生的复合循环系统。比如，成都青羊总部基地、成都工业文明博物馆、成都川菜博物馆、成都天府国际机场、成都双流国际机场、成都大运公园、成都非遗博览园等城市文化综合体的规划建设。成都美丽宜居公园城市建设的人文性，不仅是对中华优秀传统文化中人与自然和谐共生理念的继承和弘扬，而且是对西方传统工业文明处理人与自然关系矛盾的深刻反思，更是对工业文明以来人类社会高速发展带来的城市环境污染的治理，还有城市交通拥堵等一系列城市建设理念的匡正与超越。这是一条理解公园城市建设的人文性的思维路径，也是一条解释成都美丽宜居公园城市建设的人文性的思维路径，即中国共产党在百年奋斗中，建设和探索城市发展道路的基本经验特征。其中，最为鲜明的一条经验特征，就是党非常善于发现和创新性地运用客观规律，特别是建设社会主义城市的发展规律。创新性发现和利用城市发展规律的前提，就是能够深刻把握我国各个社会历史发展阶段的基本国情，尤其是决定着我国各个社会历史发展阶段基本国情后面的社会主义矛盾的变化，这是推动社会主义城市发展的抓手。这些因素都从整体上，影响着成都美丽宜居公园城市的活力和城市发展形态，是美丽宜居公园城市人文性的现实表达，在一定程度上，影响着成都美丽宜居公园城市的城市形态、城市精神、城市文明的整体性时代变迁状况。

第三，成都美丽宜居公园城市建设的共享性。成都美丽宜居公园城市建设是全面准确完整地体现新发展理念的全新实践。共享是新发展理念的重要内容，并且在新发展理念的五大重要元素中处于最重要的位置，是实现人民对美好生活向往的重要价值。因此，成都美丽宜居公园城市建设才从整体角度，生动体现着公园城市建设的共享性，实现人与城市、人与景观、人与场景、人与产业、人与公园、人与文化的统一。成都美丽宜居公园城市的共享性主要体现为：一是成都美丽宜居公园城市的建设理念共同。成都美丽宜居公园城市建设都是在坚持全面体现新发展理念的指引下进行的，新发展理念的五个方面的重要内容，对于成都美丽宜居公园城市建设的主体和成果，乃至成都美丽宜居公园城市建设的全过程都是一致的，具有普遍性的指导意义和共性的实践价值。比如，成都美丽宜居公园城市建设，不仅在城市建设的规划蓝图上要求全面贯彻新发展理念，而且在城市景观设计、交通设施建设、文化街区打造、医疗教育和休闲娱乐场所的建设与优化等方面，都是将新发展理念作为一条统一的标准，严格贯彻和执行下去。这就从成都美丽宜居公园城市的建设全过程和发展全过程以及建设全部要素有效运行的评价标准方面，将新发展理念根本要求准确无误地实施了开来。二是成都美丽宜居公园城市的建设成果共享。城市生活本来就是一个集人们物质资料的生产活动、生活资料的消费活动以及精神文化的创造活动等多种活动于一体的复杂的生活过程。成都美丽宜居公园城市的建设过程，涉及公园城市生活的多个复杂多变的活动主体，这些主体之间又有着多种多样的复杂联系和运动关系以及各自的特殊性。成都美丽宜居公园城市建设的各个主体，比如，城市人口、城市交通、城市产业、城市环境、城市文明规则、城市精神、城市规划、城市活力、城市就业、城市教育、城市住房、城市公园等多种要素，在各种运行过程中会形成一定程度的制约与规则，经过这些制度或者条文的约束之后，城市生活秩序、交通、医疗、教育、文化等环境都有了较好的改善，这些都是重点突出"美丽"和"宜居"两个特征，建设公园城市的根本所在。三是成都美丽宜居公园城市的建设主体共融。共同融合、相互促进是成都美丽宜居公园城市建设各种主体相向发展、相互依存的最大公约数。比如，成都美丽宜居公园城市建设涉及成都市各个市直机关（部门）、成都市下辖区（市、县）及其所属的各部门，这些部门与部门之间、分工与类别之间，在彼此运行的过程中又遵循着各自的运行规则和行业系统目标，这就会出现各建设主体在活动过程中存在不一致的情况。又比如，在城市环境治理与城市国土、交通等建设过程中，往往会由于各自的任务目标以及规则不统一，各自独特的行业属性、责任分工、任务目标的不一致，出现运行过程中的矛盾或者不一致情况。针对上述这些不一致的地方或者不统一的情况，成都在推进美丽宜居公园城市建设的过程中，坚持将新发展理念贯彻到每一个建设主体中来，特别是将绿色、开放、创新等新发展理念植入公园城市建设的各个环节和各个要素主体。这样，这些主体在全民参与的情况下，将新发展理念作为共同的价值标准，让天更蓝、水更清、山更绿成为全体成都人民共同期待的美好场景，最终将新发展理念同成都的城市精神一起植入建设公园城市的伟大实践中去，实现新发展理念引领成都城市精神，推动美丽宜居公园城市建设，并不断传承和赓续这种精神力量。由此可见，成都美丽宜居公园城市建设中存在人口、城市、产业、景观、公园、文化、建筑、交通等共生融合的实践。

公园城市理论的批判性体现在中国共产党领导 2 100 多万成都人民，通过中国式现代化的城市建设和城市发展的科学实践对成都美丽宜居公园建设和公园城市示范区建设道路的正确选择，以及对其他形形色色的城市建设和城市发展理论与经验的合理借鉴。对任何科学理论的批判都离不开科学实践的经验揭示和对其他理论的积极扬弃。成都美丽宜居公园城市的理论，也是在不断批判历史上的城市建设理论的过程中不断发展创新和成熟的。一是成都美丽宜居公园城市理论破解了古代历史上的皇家园林、城池城堡的城市建设理念，从具体的现实的人，特别是人民群众的真正需要出发，而不是从少数或者个别的统治者出发来构建城市形态，创造城市文化，塑造城市模式。所以，从批判角度看，公园城市理论对我国古代城市建设理念的批判路径，更多的是建设性的批判或者说是选择性的扬弃，并没有全盘否定古代城市建设中连绵赓续的优秀传统文化理念，而是大胆吸收和赓续中华优秀传统文化理念，以充实、丰富和发展公园城市理念。二是成都美丽宜居公园城市理论匡正和超越了西方城市发展理论。这种理论方面的"匡正"与"超越"，主要体现在对城市发展"为了谁""依靠谁"这两个根本问题的回答。很多马克思主义经典作家对西方工业文明时期的城市发展进行了最为激烈的批判。比如，资本主义工业文明的早期，城市景观的设计主要是为了物质利益，由此产生的"大城市病"惊醒了一批人类文明的思想家，他们开始对城市的发展进行不断反思和不断批判。遗憾的是，这些有意义的探索依然无法破解城市人口流失、城市衰败、城市空心化等问题。成都美丽宜居公园城市建设理念，既没有简单复制其他国家和地区的模式，也没有简单照抄城市建设的发展样式，而是立足本地，充分考虑人的价值，紧紧围绕日益增长的人民群众对美好生活的向往，坚持人民至上，城市发展为了人民群众，城市建设依靠人民群众的价值标准。这些举措在人的全面而自由发展的立场上，破解了传统资本主义早期城市探索、发展的一切不可调和的矛盾，探索出全面体现新发展理念的中国式现代化城市建设新形态。三是成都美丽宜居公园城市建设不断探索发展着中国式现代化的公园城市理论。成都美丽宜居公园城市建设的生动实践，是中国式现代化公园城市理论产生的源泉。成都美丽宜居公园城市建设的不断推进，不断丰富和创新着中国式现代化公园城市理论。成都美丽宜居公园城市坚持人为核心、绿为底色、业为支撑、美为目标的发展理念，突出人民至上的价值理念。经过 5 年多的实践探索，成都美丽宜居公园城市建设从蓝图变成了现实，现在又进入了高质量发展阶段。成都美丽宜居公园城市的大胆实践，充分调动一切有效的城市资源，推动城乡融合发展、城市规划超前、城市绿地拓展、城市活力激发、城市产业赋能、城市生态向好，得到了成都人民的高度认可。

2.4　价值意义

公园城市的价值或者意义，是衡量成都人民对公园城市建设是否美丽宜居的重要标识。因此，公园城市的价值意义主要体现为人民群众、公园城市的理论和公园城市的实践三个重要层面。

第一，从人民群众的立场出发，成都美丽宜居公园城市承载着人民群众的意愿表达、人民生活的精神关怀和人类文明的创造创新。

一是成都美丽宜居公园城市怎么建设？究竟要建成什么样子？这是成都人民对公园城市建设的意愿表达。考察成都美丽宜居公园城市的建设途径、状况、效果及方向，人民群众的意见意愿就是"考卷"。从这个意义上讲，成都美丽宜居公园城市建设，也是新时代新征程中国共产党推进现代城市建设的一次"赶考"。面对人民群众的时代拷问和现实发展的强烈期盼，成都美丽宜居公园城市所呈现的地域文化元素与现代科技绿色生态元素有效地融合在一起，这是公园城市建设探索文化价值、生态价值、社会价值、经济价值、时代价值、精神价值等系列价值的实践根基。因此，从这个视角上讲，成都美丽宜居公园城市建设的地域特色、发展底气、实体构成、形态样式、文化观念等领域，也就成为体现成都人民意愿的"共同体"。这样，"看得清雪山、吃得了火锅、望得见蓝天、走得近绿水、记得住乡愁、融得入生活"的公园城市，才能更加体现人民意愿，才能更好地将公园城市建设的人民意愿转化为公园城市发展的时代意蕴。现在的成都已经被人们赋予了"美食之都""幸福城市""科技中心""休闲之都""熊猫故乡""宜居之城""康养胜地"等美誉，公园城市的生态价值、文化底蕴、地域特征更好地彰显了人民意愿。

二是成都公园城市建设得是否美丽宜居？人民群众生活的感受如何？这是人民群众对成都公园城市建设的精神关怀。公园城市是人民生产、生活、生存的场所，人民群众对生产、生活、生存的场所的评价如何，决定着人民群众对生产、生活、生存的真切感受。成都公园城市密切聚焦人的美丽宜居需求，把公园城市的生产、生活、生存功能延伸与绿色智慧生态的发展特色有机统一起来，使每一个具体的人在其璀璨的人生长河中，把传统城市生活的快节奏、城市生产的快速度、城市生存的快适应，在公园城市的美丽宜居建设中能够慢下来、停下来、静下来，感受生活的乐趣和人生的精彩。这也是公园城市在促进集经济发展、科学技术、教育人才、住房医疗、信息服务、商品流动、人口流动等现代城市公共服务功能发挥于一体的基础上，更加体现人们对美好生活向往的精神追求的具体体现。成都美丽宜居公园城市建设，重点关注人们的精神生活诉求，化解了传统城市无法克服的、单纯片面以物质财富增长为目标而忽视城市社会环境的真实承载的生态危机，调整了人们精神生活领域中，人自身的发展与经济社会生态文化等领域发展的运动关系。可见，公园城市已经成为新时代新征程人们调整城乡关系、人与城市及其各要素、人的精神与物质、经济与生态社会等发展主体之间的"不平衡不充分"矛盾的"共同体"。成都美丽宜居公园城市建设，坚持全面体现新发展理念，优先注重生态发展和城市绿色规划，用现代科技智慧赋能城市功能拓展，整体上成为一个依托传统行政区域，现代城市各种要素并存的城市文明新形态。因此，公园城市是城乡融合发展繁荣、科技教育创新驱动、城市山水林田湖草沙系统复合等多系统要素和谐统一孕育的全新城市形态，其已经成为成都人民生活中的财富创造场所、科技教育场所、生态康养场所、美丽宜居场所，为人们的生活提供更加生态的生存场景。

三是成都美丽宜居公园城市如何丰富和拓展人类城市文明的创新创造，这是人民群众对成都美丽宜居公园城市建设在人类城市文明史上的价值定位。城市是人类社会进入文明时代的产物。城市的发展水平，在一定程度上说明人类社会的文明程度。成都美丽宜居公园城市建设，将美丽宜居作为建设标准，把新发展理念作为公园城市的建设引领，注重将公园城市建设的实践探索与国家城市发展趋势对接，大胆吸收和借鉴人类一切有益文明成果，推动公园城市在全球城市发展方向上，特别是在破解生态危机、气候危机、城市转型危机、绿色发展危机、城市功能危机等方面问题和矛盾的引领和示范，具有重要的时代意义与实践价值。成都美丽宜居公园城市建设的实质就是习近平总书记2018年视察四川时候讲到的"我是人民的勤务员，让人民过上好日子是我们共产党人的初心、宗旨。""把人民家园建设得更加美好。"可见，成都美丽宜居公园城市建设，始终坚持依靠人民群众，聚焦人民群众的需求，结合自身特色，把新发展理念贯穿始终。比如，成都把创新发展作为公园城市建设的动力源，依靠创新来破解公园城市建设中面临着的绿色发展、产业发展、区域协调发展、环境治理、生态发展等方面的难题。再比如，成都把协调发展作为公园城市建设中破解不平衡性问题的有效抓手，科学处理生态与产业、人与城市、经济与文化社会、人与经济文化社会生态之间的运动关系。同时，还处理了成都下辖各个区（市、县）在公园城市建设中的不平衡性矛盾，推动城乡融合高质量发展。比如，成都把绿色作为公园城市建设的主体色调，推动城市生产生活生存领域普遍增绿，优化城市绿地建设布局，创新城市景观绿色设计，拓展城市交通等基础设施的绿色元素等，推动城市产业的生态性发展。再比如，成都把共享发展作为公园城市建设的公共目标，突出公园城市建设主体的共同性，公园城市建设过程的公共参与度，公园城市建设成果的共享性。这些重要的举措，使得成都公园城市建设中融合了良好的自然生态底色、蜀风雅韵的文化传统底蕴、国际时尚的生态发展魅力，特别是在天府绿道规划、城市公园绿地打造、小游园设计、道路交通规划等方面，成都因地制宜，驱动生态链创新链等产业链发展，为公园城市建设进行积极探索，形成了一系列可供借鉴和参考的做法。

第二，从公园城市的理论出发，成都美丽宜居公园城市拓宽了现代城市发展理论的研究视野，丰富了城市发展理论的精神内核，推动了中国式现代化公园城市发展的理论构建。

一是公园城市的研究理论视野进一步拓宽。公园城市研究理论视野离不开成都坚持贯彻新发展理念的实践探索。5年来，成都将习近平生态文明思想中的"绿水青山就是金山银山""保护环境就是发展生产力""生态兴则文明兴"等理念成功地融入公园城市建设的实践中，有效落实了党中央和国家的战略性布局。在公园城市建设实践中，成都推进以贯彻落实公园城市示范区、城乡融合发展试验区和成渝地区双城经济圈等国家战略为总纲，提升国家中心城市品质，探索习近平生态文明思想实践，回应人民群众对美丽宜居公园城市的新期待，这些都是对理论研究视野的拓展。成都美丽宜居公园城市实践将公园城市理论由开始的"把生态价值考虑进去"，逐渐拓展为乡村振兴、城乡融合、高质量发展、城市现代化以及生态文明建设"五位一体"总体布局，具有很强的理论借鉴价值。比如，成都各地以机制体制创新驱动公园城市建设，通过推进城乡土地资源、林业资源等，为公园城市建设提供创新发展的动力。同时，在公园城市新业态新路径方面，成都通过"三产"融合发展的财政多元投入的政策性探索，健全公园城市建设队伍的激励政策，完善生产消费等公园城市产品生态价值转化的市场引导政策，凝聚公园城市建设的多方力量。

二是公园城市理论的精神内核进一步凝练。成都公园城市的理论创新与成都公园城市实践的精神凝练是分不开的。成都在推进公园城市建设实践中，将成都的天府文化与城市精神紧密地凝练在一起，更加注重关怀人的价值，特别是在人们生产生活生存的空间领域，更多地关注生态价值，也就是个人生活和公共生活的生态性。一句话，就是将城市场景建设的生态文化融入成都原有的天府文化之中，从精神文化领域植入了新时代新征程生态文明的生态文化理论养分。由此而来，在成都公园城市建设的文化沃土上，多种文化元素在成都公园城市建设的实践中得到凝练，形成一种独特的成都美丽宜居公园城市的文化魅力。

三是公园城市研究的理论范式进一步丰富。成都美丽宜居公园城市的进一步推进，持续丰富着公园城市理论研究的形态。在全球资源与人口之间的约束情况日益紧张的大背景下，成都美丽宜居公园城市实践尝试如何更好地处理人们在美丽城市的宜居生活问题，如何更好地推进城市生态环境高质量建设等问题。成都公园城市实践在展开上述问题的探索与回应中，试图寻找出公园城市的空间形态、内容要素、本质特征及其内在关联。比如，四川省及其成都市贯彻《美丽中国建设评估指标体系及实施方案》，进行了城市增绿和扩大城市绿地的行动，号召和动员各单位到龙泉山进行植树活动，建设高标准农田打造天府粮仓，设立河长制，公园城市城乡绿道连接建设，举办公园城市论坛，系统拓展和统筹山水林田湖草沙建设的视野和空间，改善公园城市人居生态环境，探索人与自然、经济与生态、人文与生活协调统一的美好家园建设，增强美丽宜居公园城市健康发展的活力和动力。从成都推进美丽宜居公园城市的这些探索性工作可以看出，成都美丽宜居公园城市建设是一个多学科、多维度的大型工程，需要在研究视角、学科属性、领域建设方面对公园城市涉及的多个方面进行综合性处理。党的二十大作出了"高质量发展是首要任务"的科学判断，标志着成都美丽宜居公园城市建设已经由 5 年前的蓝图式的探索实践，进入高质量发展的建设阶段。公园城市立足成都原有的条件，以满足人们对休闲、游玩、娱乐、教育、医疗、就业等美好生活向往为导向，着力推进城市生态环境承载力的可持续发展、城市空间的高质量开发与利用、城市文化和城市精神的传承与赓续、城市内各个行政空间"不平衡性不充分性"的社会主义矛盾缓解与全民共建共享美丽宜居公园城市建设成果等方面的实践探索，为新时代高质量推进城乡融合、城市更新、城市活力、生产生态、区域协调发展、美丽宜居的城市发展实践，提供了新的经验借鉴。

第三，从公园城市实践的出发，成都美丽宜居公园城市承载着人民群众的意愿表达、人民生活的精神关怀和人类城市文明的创造创新。

一是人民群众的意愿表达更加充分。成都进行公园城市建设，人民群众是最主要的力量，是参与创造公园城市美丽宜居价值财富的主体，也只有在人民群众的积极参与和大力支持下，美丽宜居公园城市才能由科学的城市形态变成人民群众的现实家园。因此，公园城市是人民群众生产生活的公共空间，建设公园城市离不开人民群众的广泛参与，每个人都有建设公园城市的使命，这些都需要加强美丽宜居公园城市的社会参与平台构建。比如，成都可打造供群众进行绿色生态消费的生活环境，加强绿色理念教育宣传，倡导群众绿色生态出行方式和日常生活方式的养成，引导群众转变消费观念。又比如，成都公园城市建设，突出人们生产生活空间的公共性建设，有效融合了城市文化文脉和现代城市生活发展理念，致力于构建大熊猫国家公园、城乡公园和龙泉山城市森林公园等生态体系，使全面体现新发展理念的公园城市深入人心，拓宽了人们对成都建设美丽宜居公园城市的整体性、系统性认知。相对于传统城市建设而言，成都美丽宜居公园城市建设是具有政策战略性的伟大部署，其坚持人民至上，坚持生态优先，有效融合了公园与城市、生态空间与经济发展、城市人文与社会发育、城市与乡村、天然生活功能与都市公共生活等多系统，是人们彰显美丽宜居的生态底色和幸福生活的美好向往的有机统一，被称为"人类城市文明新形态"的成都样板。还比如，为了充分体现人民群众的意愿，成都开设了市长热线，加强党建引领，基层社区建设有居民议事规则、社区公约、主题沙龙、家庭治理、党政班子成员与群众面对面、线上线下智慧服务交流平台等机制和渠道，以群众需求为导向，精准对标特定人群，升级"微公园城市"等功能业态，营造多元场景，不断优化调整改造方案，引导各类社会主体积极为美丽宜居公园城市建设建言献策，凝聚公园城市场景，在公园街区城市产业生态文明建设上实现转型升级。

二是人民生活的精神关怀更加突出。人民群众在推进公园城市建设中，不仅创造公园城市的物质财富，而且创造公园城市的精神财富。这样，公园城市才会变得更加美丽和更加宜居，才会成为一个产生公园城市精神和公园城市文化的公共空间，才会更加有温度和烟火气息。人们的精神生活是公园城市文化不可或缺的重要组成部分，成都公园城市建设的生动实践，传承了各个历史时期的成都人民群众推进经济社会发展的伟大奋斗，蕴含了不同时期的多重历史文化理念和背景，具有顽强的生命力，这些丰富的历史文化形态和文化元素，为公园城市建设体现人们精神文化生活提供了丰富的精神养分。公园城市精神生活体现为成都人民在各个历史时期创造的丰富多彩的城市文化、乡村文化以及各个领域多种类型的精神文化产品和文化形态，是成都美丽宜居公园城市精神文脉的灵魂。成都建设公园城市，加强城市生态文明建设，为城市生活增加了绿色文化和美丽宜居的生态元素。

三是人类城市文明的创造创新特色更加鲜明。成都美丽宜居公园城市建设是在超大城市推进城乡融合发展的生动实践，在习近平生态文明思想的指导下，建设美丽宜居公园城市本身就是美丽中国建设、美丽城市建设和美丽乡村建设以及美丽城乡建设的重要探索。成都建设美丽宜居公园城市，离不开美丽城乡建设的支撑，没有美丽的城乡融合发展，就谈不上美丽宜居公园城市。所以，成都美丽宜居公园城市建设，与成都城乡融合发展试验区建设和成渝地区双城经济圈建设是密不可分的，是多年来经济社会快速发展的结果。成都美丽宜居公园城市建设，以美丽城乡融合发展为基础，突出城乡绿色发展，加快推进生态产品价值转换，城市水源地、自然生态保护区、农村生活污水整治、垃圾分类和卫生厕所等生态环境基础设施得到较大改善。同时，成都把公园城市与乡村振兴、城乡融合、生态治理统筹起来，利用各地的有利条件和发展优势以及稀缺的土地、人才、技术和文化资源，开办农庄、农家乐、庭院经济、民俗旅游、观光农业、川菜川茶川剧等非遗文化传习所等新型业态，拓宽了城乡人民增产增收的主要渠道，推进了城乡高质量发展的现代化进程。同时，成都构建资源节约、环境友好、循环高效的生产方式，打造个性化、体验化、智能化场景，使公园建设成为成都人民生产生活生存生态的重要组成部分，把公园城市建设的绿水青山最大努力地转变为金山银山。成都公园城市建设坚持习近平生态文明思想的科学指引，在发展导向上紧紧围绕人民群众，统筹山水林田湖草沙系统，是一次全新发展理念的现代化城市建设尝试，在推动青山绿水的城市生态建设的同时，加快构建人与自然和谐共生的城市生态发展格局，同时带来了城市生态产业大发展、城市生态人才大聚集、城市公园生态更宜居、城市生活消费更低碳等新型城市业态。可见，公园城市的城市人文价值是公园城市中各类要素有效运行的最集中表现，是公园城市建设中人们创造的各个领域价值的精神符号。这些城市文化精神符号，都会在成都公园城市建设的各类文化场景、文化街区、文化产业、文创产品等文化形态的文化表达中逐渐展现出来。这种展现，让美丽宜居的公园城市更具有吸引力和城市文化的包容力，为公园城市的健康发展和人们的简约、绿色、低碳等生态生活，提供更加舒适、更加宜居、更加美丽、更具现代化城市吸引力的精神文化空间。

3 他山之石

3.1 国外城市建设

自习近平总书记在成都提出"公园城市"以来，成都将建设公园城市作为加快城市建设，推进城市发展，促进城市更新的首要任务，并以市党代会和市委全会等形式，出台了系列政策文件，优先考虑城市的生态价值，统筹推进公园城市建设。5年来，成都美丽宜居公园城市建设取得了显著成效，这与党中央的科学决策和战略部署以及成都人民群众的艰苦奋斗密不可分。除此之外，其他国外城市在发展过程中的有益探索，也为成都美丽宜居公园城市建设提供了重要的实践经验参考。

3.1.1 新加坡的"环状城市""花园城市"建设实践

20世纪60年代，新加坡开始利用其独特的岛屿地理地貌，依托原生态自然地理环境打造"类湖泊"区域，建造多个环形交通网络，并逐步优化土地利用形式，形成微小城镇。为了将这些新生的微小城镇连接起来，新加坡开始开发小城镇与小城镇之间的土地，加快交通建设，美化这些小城镇之间的连接地带，最终形成了形形色色、大小不一的城市花园。所以，人们把新加坡称为"花园城市"。新加坡的"花园城市"充分利用了其有限的土地面积和岛屿地形地貌，最大限度地缓解了高人口密度和稀缺土地资源之间的矛盾，在突出景观设计、交通道路及人们城市生活空间的基础上，拓展花园城市的功能，美化城市形象，提升人居环境，增强城市生态韧性，极大地提升了新加坡的国际吸引力，为新加坡的经济腾飞打下了优美的城市生态基础。后来，新加坡在持续推进花园城市建设过程中，聚焦保护环境和拓展城市绿色场景，成立了专门负责花园城市建设的相关政府职能部门，对城市中的花园、交通、景观、树木、草坪等进行全方位管理。除此之外，新加坡还针对其自然资源、土地资源缺乏，生态脆弱等短板，大力开展城市增绿等花园城市建设活动，在城市生态建设方面持续用力。另外，新加坡还通过科学规划花园城市建设各个阶段的内容，尤其是在城市花园布局、空间场景构建和城市产业发展等方面，不断调整和优化花园城市的相关内容。同时，新加坡不遗余力地提倡和引导人们转变思维观念，培育绿色生活理念，探索设计花园、街道、交通等城市景观的量化标准，推进花园城市建设相关项目内容与城市生态环境的承载能力协同发展。此外，新加坡还颁布相关法律法规，保障花园城市的良好建设。因此，新加坡的"花园城市""环状城市"建设具有以下特点：一是城市建设充分利用原有的自然地理等生态基础，不追求"整齐划一""千篇一律""统一风格"；二是城市建设注重城市"硬件"与"软件"建设协调发展，在推进城市景观设计的同时，兼顾城市建设的相关法律法规制定，确保城市建设有法可依、有章可循；三是城市建设是一个持续推进的过程，不能一蹴而就，新加坡的"花园城市"建设就是新加坡政府成立相关职能机构，持续探索的结果；四是城市建设需要科学合理的城市规划，注重城市产业、城市生态、城市空间场景构建的协同发展；五是城市建设还要注重培养和倡导绿色生态生活观念，形成良好的生态生活习惯。

3.1.2 荷兰的"绿心城市"建设实践

荷兰"绿心城市"是在柏克的"绿心大都市"理念的影响下，构建的"单个中央城市绿心"和"多个外围城市绿心"的城市空间形态。"绿心城市"理念提倡在整个城市的建设中，突出"城市绿心"的功能作用，分别利用城市区位加强城市公园建设，形成覆盖城乡之间、中央城市与多个外围城市之间的绿色网络系统。在"绿心城市"的建设推进中，存在多个外围城市绿心建设，根据不同的土地资源构成和自然环境生态，每个外围绿心城市周围相对分散地形成了绿色乡村。这样，人们一方面可以体会到在中央大城市生活生产的乐趣，另一方面可以感受到在多个外围小城镇生活生产的悠闲，再一方面还可以享受到乡村的美丽风光。后来，在"绿心城市"发展的基础上，荷兰逐渐实现"单个中央绿心城市—多个外围绿心小城镇—零散分布在绿心小城镇周围的自然乡村"交相辉映的大公园生态绿心城市形态。荷兰在推进"绿心城市"建设的道路上，持续优化"绿心城市"的规划设计，将"绿心城市—绿色产业—法律法规"有效地联动在一起，解决了"绿心城市""绿色产业""法律法规"三者之间的矛盾，较大幅度地提升了城市发展的活力和经济实力以及人们生活的水平。因此，荷兰"绿心城市"建设实践具有以下重要特征：一是城市建设需要科学规划和凝集人民共识，采取一定的法律法规保障"绿心城市"各项事业的有序建设。二是城市建设既要处理好城市规划、城市产业、城市生态三者之间的关系，也要处理好中央大城市、周围小城镇、零散乡村三者之间的关系。三是通过设立城市建设的相关职能机构，制定城市建设的相关法律法规，并定期或者不定期地对城市规划进行调整和优化，这是持续优化和整合城市建设多方力量或者要素的关键所在。

3.1.3 英国的"国家公园城市"建设实践

在城市建设方面，英国对世界城市建设史最具有影响力的贡献，就是"国家公园城市"。英国的"国家公园城市"主要在伦敦展开实践探索，以全体市民广泛参与为主要形式，可以说是一种鼓动全民参与城市建设的大型活动策划。英国"国家公园城市"建设以建设大城市周围的绿色景观或者绿色植物带为抓手，以在城市生活的人、动物、植物为主体，要求在城市中生活的每一个参与者作出一定的承诺，并通过参与国家公园城市的各种活动来兑现这种承诺。这种城市建设的方式，一方面，在城市景观设计方面比较容易体现市民对城市空间的多种需求；另一方面，可以吸引大多数市民的意见建议，让更多的人关注城市的建设和发展；再一方面，城市建设凝聚了大多数人的力量，更加容易发展成一个区域性或者更大区域范围的活动。可见，英国的"国家公园城市"建设，在较大范围内集聚大多数参与者的意见的同时，突出了城市建设的多样性和城市场景元素的多元性，但由于关注的人员过多，参与主体多元，给相关的组织策划带来一定的挑战，容易引致人、自然、产业、公园形态等城市建设主体之间的矛盾和困惑。同时，英国的"国家公园城市"是由单个的社会团体或者个人发起，在推动和策划此项重大活动中，很容易因为一些特定的经费、制度等政策性约束，造成多方意见不统一，也难以短时间内就某一件事情或者某几件事情达成一致意见。这样，英国的"国家公园城市"很容易造成很多没有被满足意见建议的参与者心灰意冷的局面，也给被满足意见建议人群带来了过高的期望值。因此，英国的"国家公园城市"很容易导致更多的参与者的合理意愿无法被满足，从而挫伤参与者的积极性和主动性，导致很多参与者不愿意参加。因此，城市的建设和发展，需要公共力量来持续推进公共利益的实现，个人或者社会组织，在公共力量主导的公共利益实现过程中，可能会导致相反或者不可控制的结果发生。但是，英国"国家公园城市"建设，还是有一定的可取之处。比如，采取大型国家公园城市策划活动，没有依靠权威机构，而是通过社会组织和个人自愿发起的形式，这样有利于节约公共资源。又比如，英国的"国家公园城市"建设充分利用自然地理景观的原生态特点，突出城市动物、花草树木等多样性场景打造，实现城市各种建筑普遍增绿，改善了人居生态环境，净化了城市空气，为国家公园城市形态的多样性奠定了内容基础。另外，英国的"国家公园城市"建设通过多方面挖掘当地的历史人文资源，动员社会力量，出台活动章程，并按照活动章程推进国家公园城市建设活动。同时，英国的"国家公园城市"建设多渠道多形式增加社会公众之间的对话与接触机会，为社会公众提供表达建设国家公园城市意愿的平台，并多方筹集国家公园城市建设资金，又将社会主体进一步聚焦到国家公园城市建设上来，进一步激发了城市建设活力，这也是一个增强国家公园城市建设力量的有效手段。

3.1.4 美国的"城市公园系统"建设实践

美国的"城市公园系统"始于19世纪美国纽约兴起的"公园运动"。在这次"公园运动"中，美国将城市中不相连的空间地带用城市绿带连接起来，形成一个个大小不一、形态各异的城市公园。随着美国"城市公园运动"的持续推进，"城市公园系统"逐渐得到了包括芝加哥、波士顿等在内的美国城市的认同，成为全美国普遍认同的城市建设理念。后来，美国的"城市公园系统"逐渐将城市与城市之间的土地空间进行了有序规划，对城市公园的空间结构进行了重新设计，比较成功地扼制住了城市漫无目的的扩张，在一定时期内起到了良好的效果。然而，二战后，随着社会财富的增加，科学技术、经济实力和综合国力的全面发展，美国的家庭轿车出现了井喷式增长，人口逐渐由城市中央向郊区进行大规模流动，导致城市产业转移和城市公园系统衰落，城市公园环境建设遇到了前所未有的挑战。由此可见，美国的"城市公园系统"在推进城市公园环境建设方面，具有充分利用绿地等积极意义，特别是在对公园场景进行专门设计以及"城市公园运动"的推广等方面发挥了一定的作用。可是，在提升城市民众的绿色生态价值理念等方面，"城市公园运动"却显得力不从心，这可能与其特定的历史经济社会发展背景有一定关系。

3.1.5 日本的"城市公园"建设实践

二战后，日本城市基础设施遭到破坏，大量城市绿地被战争毁灭。这时，日本为了振兴经济，着手推动城市基础设施建设，动员各方力量，制定并实施了"城市公园法"以及"城市公园等建设五年计划"等政策措施，积极推动"城市公园"建设。日本"城市公园"建设的项目，主要突出特色街区、广场等公共生活领域的公园绿地建设，最初以满足社会公众的日常生活和休闲为基本目标，后来成立相关职能部门对"城市公园"加强管理。随着城市人口的增多和经济社会的发展，日本政府设立了相关行业协会和社会组织，参与到"城市公园"管理中来。20世纪末，日本政府为进一步节约公共支出，推出"社会化服务""民间融资"等形式，推进"城市公园"的管理和建设。这样，参与主体的多元化，参与力量的社会化，参与服务项目的多样化，成为"城市公园"管理和建设的主要特点，这些举措在一定程度上增强了"城市公园"对社会公众的服务能力。

综上所述，新加坡、荷兰、英国、美国、日本等国家在推进城市建设相关实践中，一个突出的特点就是加强城市人居环境的整治和改善，普遍的内容就是加强公园建设，增加绿地面积，增加城市绿地空间的设计以及景观氛围的营造等。新加坡、日本注重政府的力量，使用公共力量来推动城市环境的建设，特别是推动城市公共基础设施的建设；英国、美国、荷兰注重社会组织或者民间组织的力量，通过策划大型活动、培植城市生活理念、鼓励社会公众参与等形式推动城市环境建设，满足城市公众对生活环境的美好需求。新加坡、荷兰、英国、美国、日本的城市公园建设做法，与其特定的地理地貌特征以及国民的思维习俗密不可分，对于我们建设公园城市具有一定的借鉴作用。

3.2 国内城市建设

2000 年以后，我国在推进城市建设和城市更新方面取得了重大进展，农村人口大量涌入城市，城市人口进一步增加，城市产业发展和城市教育、就业、医疗、交通等基础设施建设都有了明显的进步，越来越多的城市民众开始对追求更加美好的城市生活有了新期待。我国人民日益增长的美好生活需要和不平衡不充分的发展之间的矛盾，决定着我国城市的发展水平和发展特征。新时代新征程，人们对城市生活水平、生态环境质量以及生产生活的便利性提出了更高的要求，各大城市都展开了丰富的实践探索。总体来看，各大城市在推进城市建设和城市更新，特别是城市生态产业发展方面的态势是好的，都在改善城市人居环境，优化城市基础设施，重塑城市空间场景，提升城市生活品质，重视城市科学规划，坚持生态优先发展，等等。这些城市建设的基本措施，已经成为我国城市建设和城市更新的普遍性做法。除了这些普遍性做法之外，一些城市还有新特点和新亮点，这些新特点和新亮点来源于不同城市的不同地域、气候、人文、历史传统等资源禀赋。本节重点选取了香港、深圳、浏阳、武汉、合肥、上海、重庆、郴州、扬州、咸宁、长治、南京、桂林、太原、徐州、广州、西安、湛江等城市，着重介绍和梳理了这些地区在推进城市生态环境建设，促进城市更新方面的实践探索。

3.2.1 香港"卜公花园"的实践探索

近代，香港发生了一次危及人民身体健康的疫情——鼠疫。这次疫情给原先以紧凑型居住为主要特征的香港带来了严重的威胁，为了战胜鼠疫，改善人居环境，特别是卫生状况、整体人居环境水平以及大密度的人口分布，香港地区相关部门出台了建设公园、绿化人居环境等措施。卜公花园就是在这一背景下建成的。同时，香港还通过制定城市公园和郊野公园的相关"条例""大纲"等制度性政策约束，推进香港的城市更新和人居生活环境整治。此后，香港的人居环境得到了大幅度的改善。

3.2.2 深圳"公园之城"的实践探索

深圳发展、深圳速度一度成为我国城市建设的一面镜子。深圳在推进城市建设中的一条鲜明的经验，就是从深圳的实际出发，克服土地严重不足等现实性困难，不断美化城市环境。在推进城市建设的过程中，深圳通过立法等形式，建立制度性约束，给城市发展划定生态红线，制定《深圳市基本生态控制线管理规定》等相关政策性文件，对城市的公园、花园、绿地、建筑、交通等景观进行了明确的生态性约束，关注经济发展与生态环境之间的关系，突出土地利用和环境建设的综合效益，使得整个城市的生态、资源、环境、就业、经济都实现向上、向好的发展。到21世纪初，深圳获得了"花园城市""绿色城市""公园之城"的称号。

3.2.3 浏阳"生态美城"的实践探索

浏阳聚焦城市治理现代化，围绕全民造绿（全民在全市范围内植树、绿化植被）、全民造景（全民参与城市小公园、小游乐园、小社区、房屋、围墙等绿色场景建设）、全民参与（调动全民的造绿、造景积极性，在全市范围内开展义务植树、绿色游园等活动），弘扬和培育绿色城市理念和绿色生活生态理念，将发展绿色生态旅游与城市建设结合起来，取得了良好的效果。2016年，浏阳被评为"美丽中国典范城市"。所以，从浏阳市的"生态美城"可以看出，推动城市更新，激发群众参与城市生态绿化的积极性和群众参与城市生态景观创造的主动性是非常重要的工作。同时，积极培育和引导群众养成绿色生态和绿色消费的生活理念，也是建设"生态美城"的有效抓手。浏阳的"生态美城"，在城市更新和城市建设的"硬件上"注重激发群众的参与性，在城市更新和城市建设的"软件上"加强思想理念的能动性引导，这些都为成都美丽宜居公园城市建设提供了很好的借鉴。

3.2.4 武汉硚口区街道的实践探索

武汉市硚口区依托原有的老工业传统和特殊自然条件、历史条件，特别是当地特有的非遗资源，通过制定"系统规划方案"，突出街区文化空间场景构建，实行"片区"绿化改造，统筹街区特殊风貌，赓续城镇文化基因，系统打造居民步行绿道，优化人车通道建设，提升街区公共服务功能和水平。同时，武汉市硚口区不断增加街区绿色植物的景观形态。比如，增加梧桐树、香樟树以及一些常绿灌木植物，大幅度增加绿化植被面积，打造绿色景观立体化和可视化场景，优化建设历史文化主题街景，在街区景观和普遍增绿以及壁画等场景设计上下功夫。以上举措是武汉打造小城镇街区公园建设的生动探索，也是武汉注重历史文化传统和对以工业厂区设施为主要内容的工业文化遗址的再利用。

3.2.5 合肥"生态公园"的实践探索

合肥立足当地老城区和新区"两大片区"的中间地带，规划生态交通绿道，优化地铁、公交道路，连接点状分布的生态通道，系统推进自然、人和科技相融共生的生态公园建设。合肥的"生态公园"，主要从推进城市生态空间多要素融合出发，有效促进公园建设的生态元素与科技元素相融相促，突出公园的人文精神与生态理念的衔接。比如，打造城市绕城高速生态景观、城市主轴线生态景观、城市与机场人工绿色隔离带生态景观、巢湖湿地生态系统，大力发展生态链、文化链、创新链，激发城市建设的活力。合肥的"生态公园"注重科技、人文、交通、生态、自然等融合发展，追求生态发展、规划先行，突出了"生态公园"的生态感、科技感、人文感、历史感，丰富和发展了城市发展与生态公园多元建设的实践探索。

3.2.6 上海市"公园城市"的实践探索

上海从"公园城市"理念出发，聚焦城乡生态、人文、空间、层次等景观设计布局，运用多种方式方法融合城乡建筑、城乡公园、城乡景观、城乡土地、城乡湿地、城乡利用等要素。2017 年 12 月 15 日，国务院批复，原则同意《上海市城市总体规划（2017—2035 年）》（以下简称"上海 2035"）。"上海 2035"明确提出了 2035—2050 年的"总体目标、发展模式、空间格局、发展任务和主要举措"和"创新之城、人文之城、生态之城"的全球城市目标，以及"完善由国家公园、郊野公园（区域公园）、城市公园、地区公园、社区公园为主体的城乡公园体系"。同时，"上海 2035"也指出了城市发展的三个阶段性目标，即"立足 2020 年，建成具有全球影响力的科技创新中心基本框架，基本建成国际经济、金融、贸易、航运中心和社会主义现代化国际大都市；展望 2035 年，基本建成卓越的全球城市，令人向往的创新之城、人文之城、生态之城，具有世界影响力的社会主义现代化国际大都市；梦圆 2050 年，全面建成卓越的全球城市，令人向往的创新之城、人文之城、生态之城，具有世界影响力的社会主义现代化国际大都市。"上海贯彻落实习近平总书记 2018 年在成都首提的公园城市理念，结合上海的发展实际，制定出台了城市发展的战略性目标，这一战略性目标对接我国全面建设社会主义现代化国家的两步走战略，分别提出了上海 2020 年、2035 年、2050 年发展的规划性目标。这些目标之间都有一定的内在关联，层层推进、环环相扣，旨在推动超大城市的高质量发展。比如，上海市青浦区依托先天的自然水乡生态底色（包含湿地、草丛、农田、公园、道路等），着力加强辖区内丰富的自然人文景观（包括古村落、古镇、文化风景区、文化习俗），探索处理了生态环境有限承载量、人均绿地不均衡、城市公园数量空间功能发挥不足等问题，增强了城市的生态韧性、生态的自然底色、城市生态多元服务功能、人民城市的幸福感和归属感，形成了以"公园+"多元化场景为特色的绿色生态公园城市发展特色。

3.2.7 重庆市"公园城市"的实践探索

重庆从多山的特殊地理特点出发，推动"公园城市"的探索发展，把城市作为公园进行规划建设，在辖区内推进"公园+"系统性城市建设。比如，重庆市大渡口区从《重庆市国土空间生态保护修复规划（2021—2035 年）》的整体布局出发，聚焦当地特有的自然地理地貌特征，着力打造音乐公园、社区公园、湿地公园、口袋公园、体育公园、非遗公园等特色鲜明、形式多样、类型分明的城镇公园体系。同时，大渡口区还着力打造城乡绿道，通过城市主干道、城镇支线道路，将城镇的各个形态各异、功能多样、内容多元的城镇公园连接起来，推动城市公园与城市产业融合发展。

3.2.8 郴州森林公园城市的实践探索

郴州市突出当地历史文化和自然生态特点，依托森林等自然资源，坚持贯彻习近平生态文明思想，实施最严格的生态保护制度，打造生态宜居和本土文化有效融合的森林公园城市，形成了"城市森林生态化、城市生态公园化和城市公园生态化"，呈现出山清水秀、鸟语花香的良好城市生态建设局面，探索建设了良好的生态保护体系。

3.2.9 扬州公园城市的实践探索

扬州的公园城市探索始于 2015 年，扬州立足本地特殊的自然地理人文历史传统，统筹推进生态、资源、经济、社会、人口和城市建设发展的各个主体，充分挖掘历史人文底蕴、自然生态底色、旅游产业质量等新业态新渠道，探索生态宜居的城市发展路径。比如，扬州加强公园城市体系建设，将城市建设、城市规划与经济社会发展相统一，推动文旅、生态、休闲、研学、旅游融合发展，优化城市交通体系，推动城乡互动融合发展，特别是在城乡基础设施配套和城乡产业差距等方面，因地制宜、宜商宜园，落实《扬州市公园条例》，打造社区公园、休闲公园、文体娱乐广场、瘦西湖景区公园、三湾湿地公园等形态多样的公园体系，推动城市产业发展和城市公园建设融合发展。扬州的公园城市建设实践，注重对传统文化和大运河文化产业的挖掘，融入科技创新的推动力量，在与人们生产生活密切相关的交通、道路、公交、站台、街道、广场形成了生态多样的公园文化场景，便利了人们的生活服务需求，提升了城市品位，有效推动了当地旅游产业的发展。另外，扬州通过出台相关法律法规，规范和管理城市公园建设和城市产业发展的各个环节，使得城市发展的各个主体都能够在相应的制度性约束范围内合理、合规、合法地活动，有效扩大了公园城市和经济社会发展的联动，亮化了城市名片和城市形象，提升了城市的影响力和吸引力。

3.2.10 咸宁自然生态公园城市的实践探索

近年来，咸宁市围绕当地山湖交错的复杂地理地貌特点，在打造山水生态城市，建设自然生态公园方面积累了大量的有效经验。咸宁是长江流域重要的城市之一，既有丰富的水资源，也有众多的三国遗址和红色革命遗址，是长江经济带的重要组成部分。咸宁紧紧围绕水资源存在的安全、生态、环境、监管、功能等问题，妥善处理保护与开发之间的关系，为发展城市生态旅游、改善城市水资源功能和利用形式，建立湖滨缓冲带，增强城市水资源的自我净化能力，维持城市生物多样性，推动城市产业升级，城市面貌焕然一新。

3.2.11 长治湿地公园建设的实践探索

长治是一座内陆城市，处于山西、河北、河南三省交界处，水资源相对不足。长治依托漳泽湖，打造山、水、湖、地、城一体化发展的城市发展格局，推动城市转型，体现人与自然和谐共生的城市发展特色。城市发展需要处理好山、水、人、田、湖、城、业等多种要素之间的关系，长治通过政府统筹推进、民众参与等多种形式，优化漳泽湖及其周边区域生态环境，将人、城、湖、业有机统一，辩证处理好漳泽湖开发和城市建设之间的关系，形成"山水相隔，湖城相依"的城市生态风貌，有力地提升了城市的人居环境。另外，长治还依托原有的湖城相依格局，加大城市绿色空间的建设力度，增加老旧小区人居绿地面积，特别是小区公园的绿地面积，以优化、美化、绿化城市生态环境。

3.2.12 南京环城绿带建设的实践探索

南京最先从城市发展的基本理念入手，通过探索以"公园"为中心的发展思路，以"公园"为中心向四周拓展，提高城市宜居幸福感。南京具有较好的自然生活和历史文化基础，市内高校相对集中，人口流动也较为频繁，对公园社区、公园功能、公园绿地、公园空间、公园形态、公园文化等提出了新要求。南京的环城绿带是其公园体系建设的重要组成部分，通过环城绿地建设，南京将形态多样、功能多元、空间形态不同的公园联系在一起，重点突出人们的公园生活理念。同时，南京的环城绿地建设，也是南京抑制城市扩张、规范城市空间开发利用、优化城市生态场景的重要抓手，南京通过推行大量的环城绿地建设，释放了生活压力，一定程度上缓解了紧张的生活工作节奏，丰富了人们生活悠闲的心态。另外，南京还通过挖掘城市历史文化遗址，拓展交通、河流等绿色空间建设，打造形态各异的主题公园，形成了绿色化、智能化、便民化的城市生活场景，改善了城市发展的整体面貌，提升了城市的知名度和影响力。

3.2.13 桂林"公园城市"的实践探索

桂林山清水秀、依山傍水，是著名的山水园林城市和旅游城市。近年来，桂林吸收国内外城市的相关经验做法，依托本地独特的自然风光和历史文化以及现有的旅游文化产业，在公园城市建设方面进行了一系列探索。一是加强城市绿道建设，用城市绿道将各个社区、公园、广场有效地连接起来，形成一个网状的绿色生态系统。这样，整个城市就在绿色的空间结构中，展现出生态城市的生活价值。桂林充分利用绿色植物和绿道的美化作用，净化城市空气，加快生态修复，改善城市泄洪能力，缓解人们的压力，增加了城市的生活气息。二是提高城市绿地的公共服务能力。桂林在优化公共服务网络空间方面，融入绿地建设，拓展公共服务产品和文化元素，分门别类地优化不同层次、不同年龄、不同行业的人们对公共服务产品的需求，突出公共产品的公共性质，降低人们享受公共产品的经济成本、社会成本和时间成本，增加城市绿色公共服务产品的可及性和公益性。三是创新城市绿地管理模式，美化城市公园生活空间。前期绿地和公共产业绿色产品的增加，造成了对城市其他要素空间的挤压，维护各类绿地和公园空间的人力、财力和物力都不同程度地有所增加，为了给人们提供更加生态的绿色空间，相应也需要付出更多的经济成本。桂林从压缩公共资源以及高效高质量满足城市人们对绿色生活的需求的角度出发，多方增加绿色供给主体，改善和优化城市交通水系道路等城市网络绿化空间，推动公园、城市、乡村融合发展，在经营公园城市的同时，也促进了城市绿色产业的发展，为公园城市的建设提供了坚实的物质基础和自然生态基石。

3.2.14　太原绿地建设的实践探索

太原既是一座历史悠久的古城，也是历史文化名城。太原在推进城市更新方面也进行了积极的探索，特别是在改善城市道路交通、城市景观等方面进行了较为丰富的尝试。一是依托晋阳湖和汾河进行城市景观打造。太原围绕晋阳湖、汾河，进行环湖、环河公园的打造，形成供人游玩、休闲、观赏的城市生活空间。二是将公园建设与老旧小区改造统筹起来。社区是人们生产生活的场所，老旧小区是一个城市生活生存的时代记忆，随着城市的发展，很多老旧小区面临着改善生活环境，提升基层公共产品服务质量，拓展人们生活生存范围空间等任务。太原将老旧小区改造面临的任务与社区公园衔接起来，完善城市社区公园网络体系，增加城市社区绿色生态底色，将社区公园建设融入绿色生态网络中，在改善社区人居环境的过程中，优化了社区公园的生态。三是以科学规划城市公园建设为抓手，综合推进人居环境、产业发展、公共服务、片区绿化等系统性工程，出台《太原市市域空间总体规划（2016—2035）》，保障太原公园城市建设的人文性和历史性。另外，太原还将公园城市建设与戏剧等精神文化习俗融合起来，增加了城市居民的获得感和文化认同感。

3.2.15 徐州"公园城市"的实践探索

近年来，徐州市紧紧围绕"徐州特色"打造独具优势的公园城市，形成了"生态打底、文化识别、群众参与、空间导视"的公园城市建设新格局。一是狠抓城市生态建设，促进产业发展绿色转型。徐州在改造老工业基地的基础上，展开全方位的环境整治工作，用现代美学原理改造工业遗址，用最先进的科学技术手段，处理工业废弃物和污染源，重新修复环境生态，优化、美化、绿化交通道路和城市景观设计，被评为国家"生态园林城市"和"水生态文明城市"。二是推动生态与地域文化融合发展，提升公园城市文化品质。徐州历史文化悠久，有着极为深厚的文化传统。徐州在打造公园城市的过程中，采用现代美学方法，将当地的文化元素融入城市生态建设全过程。三是发动群众参与公园城市设计。徐州充分发挥当地高校人群相对集中的优势，鼓励和号召高校群众广泛参与到公园城市设计中，特别是公园城市的城市景观、交通、文化景区、艺术长廊、休闲广场、健身公园等的景观设计中，凝聚高校人群的智慧力量，鼓励相关职能部门与高校等科研院所开展合作，助力科研成果在公园城市建设中的实践转化。四是倡导慢生活节奏，以缓解日常生活快节奏带来的紧张心理。

3.2.16 广州"公园开放"的实践探索

很长时间以来，广州一直是我国城市开放的前沿阵地，广州一度被称为"花城""羊城"，在实施"公园开放"政策的过程中，广州的很多经验值得借鉴。一是城市公园免费对城市居民开放。广州城市公园开放经过免费、拆围墙、融合三个发展阶段，优化了城市交通和城市公园功能，为人们快速便捷共享城市公园的基础设施扫清了障碍。二是广州的城市公园坚持整体性开发的原则，打造不同主题和场景的专题园、社区园、生活园、文化园，增加了开放式公园的安全保障场景。三是广州公园开放实施整体性推进建设，拆除公园旧式围墙和景观，增加绿色空间，使得公园景观能够内外相融、形态多样、生物多元。总之，广州的开放式公园是城市公园发展的一次有益尝试，把城市公园建成一个无边界、无围墙，并且直接联通人们生活小区、生活场所和社会景观方面的公共场所，着力打造公园的人民性、生态性、宜居性，突出以人为核心的公园城市建设。

3.2.17 西安遗址公园建设的实践探索

文化遗址公园既是西安城市建设的一大特色，也是西安在推进古城遗址保护和历史遗址利用方面的积极探索。西安针对城市公园建设主题不突出、历史文化叙事创新不强、基础设施陈旧、公园空间可视性不足、景观形态单调和"千园一景"的局面，从公园场景设计的理念上，摒弃了有文化内涵并不必然要仿古、要穿越的单一路径，也摒弃了有文化韵味并不必然要回归历史和沉浸历史的单一场景，借助大型遗址进行公园景观打造。西安通过立足历史文化地标，改造老旧设施，深挖地域文化特色和历史文物内涵，实现了宜景宜业、宜文宜园、宜人宜居的遗址公园打造。现在西安遗址公园打造，比较成熟的案例有兴庆公园、莲湖公园、曲江公园，等等。

3.2.18 湛江生态城市建设的实践探索

湛江把生态放到了城市建设的重要组成部分，特别是在推进公园城市打造的过程中，把增加绿色植被的覆盖率和宜园宜绿、宜景宜园等作为增加公园城市生态建设的重要内容。一是依据原有的地理自然气候，重点突出生态城市和海景气候场景的城市要素。二是围绕公园和群众良性互动，着力打造绿色生态生活空间。湛江围绕城市公园建设，将城市公园与公园城市结合起来，在城市绿化方面进行有效探索。据不完全统计，湛江已建成 39 个公园。三是建立健全城市公园绿地机制体制。公园城市和城市公园以及城市的整体建设，离不开一定的制度政策的统筹推进。湛江市出台了城市绿道网建设的"总体规划""实施方案"以及"公园条例"，按照公园的使用功能类别的不同，在城市公园建设和管理方面，探索形成了"综合—专业—社区—街区—广场"等分类公园管理体制。

3.2.19 贵阳的"千园之城"建设的实践探索

贵阳在推动城市更新的基础上，改善城市整体环境，建设了上千个城市公园，这些公园就是在贵阳市原有的森林、山体、社区、湖泊、河流、校园、湿地、道路等基础上建设起来的。同时，贵阳利用市内的果林、景观林、风景树、特色草坪、绿色围栏，增加人民群众对公园城市视觉的体验。贵阳在推动"千园之城"建设的同时，还出台了相关的行动方案和实施意见，制度化推进"千园之城"建设，保障"千园之城"的建设有章可循。"千园之城"建设注重发挥自然地理生态功能，尽可能不改变原有的环境结构，不打破原有的环境要素平衡状态，以人的需求为导向，将山水和田林草沙统筹起来，优化城市生态生活公园空间，保证城市成为人与自然和谐共生的共同体，成为一个人与自然和谐共存的良好"千园之城"生活系统。

4 现状特征

4.1 成果颇丰

目前，"公园城市"已经成为社会各界关注和研究的热点，相关研究成果不断增多，正处于良好的发展势头。笔者对 2018 年 1 月 1 日至 2022 年 10 月 31 日中国知网数据库收录的公园城市研究相关文献进行计量分析，发现当前公园城市研究已经进入了崭新的阶段。笔者利用计量方法对公园城市的研究成果进行梳理，从文献来源、发表年度、研究主题、学科分布、研究层次、基金项目等方面进行归纳，对当前公园城市研究的基本特征、主要内容和发展趋势形成整体性认识，为公园城市研究提供依据和参考。同时，笔者于 2023 年 2 月 1 日，使用中国知网高级检索功能，以"公园城市"为主题词，将发表时间限定在 2018 年 1 月 1 日至 2022 年 10 月 31 日，在中国知网数据库进行检索，共检索到 5 726 篇相关文献。截至 2022 年 10 月底，依据中国知网数据库收录情况，全国出版的有关公园城市研究的各类文献情况如下：

第一，文献来源的分布情况可以反映出 2018 年 1 月 1 日至 2022 年 10 月 31 日期间（下文简称"这期间"），公园城市研究成果的主要载体以及研究的深度。从文献来源分类看，笔者检索到图书文献资源 1 条，学术期刊文献资源 3 500 条，报纸文献资源 534 条，会议文献资源 349 条。

一是图书文献不足。目前研究公园城市的图书文献仅有郭敏编著的《城市湿地公园声环境评价与保护策略研究》。此书以杭州西溪国家湿地公园为案例，仅就公园城市系统中的一个子系统"城市湿地公园"建设的"声环境"的"评价与保护"进行探讨。此书从建筑设计的专业角度出发，对城市湿地公园的工具性、技术性、应用性进行研究，对公园城市研究的范围有所局限，研究的系统性不足。成都公园城市建设的实践已经走过了5个年头，产生了很多重要的实践成果，而理论界却缺乏对中国式现代化城市建设样板的系统性总结和思考，实践的发展亟须理论研究的跟进。本书的研究有助于弥补理论空白，具有重要的理论价值和实践意义。

二是学术期刊是公园城市研究成果的主要载体之一。经过计量分析，笔者发现，这期间，有关公园城市的研究成果主要集中于学术期刊，发文数量占所有载体发文总数量的61.12%，接近这期间发文总量的2/3。笔者对检索结果排名前20的文献来源期刊进行统计汇总，发现其中有18种是学术期刊。按来源期刊名称进行统计，文献数量占比较多的两种期刊分别是《现代园艺》（287篇，占这期间文献资源总量的比重约为5.01%，占这期间期刊文献资源总量的比重约为8.2%）和《先锋》（185篇，占这期间文献资源总量的比重约为3.23%，占这期间期刊文献资源总量的比重约为5.29%）。其中，《先锋》杂志收录的文献比较简短，偏重于对外宣传成都公园城市建设的成效，理论性、政策性不强。这说明当前社会各界关于"公园城市"的研究和探讨大多是零散的、不成体系的。专家学者们从各自的专业出发，就公园城市的某一个方面或公园城市的某个问题进行论述，有的从理论角度出发，对公园城市的背景、内涵、特征、意义、价值等进行研究，对公园城市建设的基本原则、目标等进行探讨；有的从实践角度出发，以某个地方的城市建设为例，对其在建设中面临的问题进行分析，就公园城市的实践路径提出一些政策性的建议。但是无论从哪个角度出发，目前社会各界对"公园城市"的系统性认识和把握都不足，缺乏宏观视野，缺乏有理论高度和深度的研究成果，对公园城市理论的研究、对公园城市建设实践的系统性总结跟不上公园城市建设实践的步伐，无法有效发挥对实践的指导作用。在这种研究背景下，本书采用系统性研究方法，对成都美丽宜居公园城市建设的价值选择和实践推进进行深入思考和研究，在理论上弥补现有研究的空白和不足，为成都市公园城市建设提供理论支撑，为中国式现代化公园城市建设提供有益借鉴。

三是报纸文献占有一定比例。经过计量分析，笔者发现，报纸文献资源发文量排名第二，占这期间文献资源总量的比重约为9.33%。首先，这说明公园城市目前已经引起了社会各界的广泛关注，成为研究的热点话题。其次，这也反映出当前一些关于公园城市的研究成果是新闻报道性质的，重在宣传，理论研究不足，学术性不强。经统计，刊登公园城市相关研究文献数量排名前 20 的报刊中，报纸文献资源只有《成都日报》和《四川日报》两种，二者文献数量总和为 291 篇，占这期间文献总量的 17.05%，研究成果主要集中于《成都日报》（265 篇，占比 12.88%）。这反映出成都美丽宜居公园城市建设的实践受到了社会各界的普遍关注。成都独特的生态优势、蓬勃的发展活力，赋予成都在新时代国家发展中重要的战略定位。作为全国公园城市建设的试点城市，从"公园城市首提地"到"建设践行新发展理念的公园城市示范区"，成都肩负着探索中国特色新型城镇化道路的时代使命。对成都美丽宜居公园城市建设实践推进中遇到的困难和问题进行系统性剖析，对成都美丽宜居公园城市建设的价值选择与实践推进进行学理性分析，将会丰富和充实公园城市研究的理论体系，为中国式现代化公园城市建设实践提供理论指导。

四是会议文献数量最少。会议文献的特点是传递课题研究的信息比较及时、内容较新、专业性和针对性强，能够集中反映公园城市研究中的新发现、新成果、新成就，能够体现公园城市研究的学科发展动向。首先，从数量上看，会议文献数量较少，而且"风景园林"和"城市规划"会议文献数量占据绝对优势。由上文所述，笔者以"公园城市"为主题进行检索，检索到这期间会议文献数量为 349 篇，占这期间文献总量的比重仅为 6.1%。其中，风景园林会议论文、城市规划会议论文居多，共计 304 篇，占这期间会议文献总量的比重接近 90%。其中，风景园林会议论文共计 168 篇，占这期间文献总量的 2.93%，占这期间会议文献总量的 48.14%；城市规划会议论文共计 136 篇，占这期间文献总量的 2.38%，占这期间会议文献总量的 38.97%。接着，笔者将检索条件设置为"主题词＝公园城市"AND"篇关摘＝公园城市"，检索到这期间会议文献 208 篇，占文献总量的比重仅为 3.63%。其中风景园林会议论文数量为 106 篇，占会议文献总量的比重超过一半；城市规划会议论文数量为 88 篇，占会议文献总量的比重为 42.31%。二者占比之和达到 93.27%，在数量上占据绝对优势。由此可以看出，与期刊、报纸文献数量相比，这期间会议文献数量较少。这充分说明当前关于公园城市研究的专业会议还很少，这类专业会议对公园城市研究的带动作用有限。其次，从数量变化上看，会议文献数量在 2022 年时跌至这期间的最低值。从会议文献的发表年度来看，2018 年发表的会议文献有 7 篇，2019 年发表的会议文献有 39 篇，2020 年发表的会议文献有 83 篇，2021 年发表的会议文献有 74 篇，2022 年发表的会议文献有 5 篇。由此可以看出，2021 年会议文献数量最多，2022 年会议文献数量最少。而且，2018 年到 2020 年会议文献数量呈稳定上升趋势，到 2021 年开始减少，2022 年出现断崖式下跌。虽然这期间会议文献数量发展趋势与文献总量发展趋势大体一致，但是 2022 年会议文献数量减少的幅度远远大于同期文献总量减少的幅度。应该如何看待这一现象？为什么会出现这种情况？这种情况的出现又代表了什么？未来关于公园城市研究的会议文献数量还会发生怎样的变化？这些都是学者们应该关注和思考的问题。再次，从文献价值上看，会议文献对公园城市的研究注重工具理性，价值理性缺失。从会议文献的研究学科来看，绝大多数会议文献都集中于建筑科学和工程领域。笔者于 2023 年 2 月 2 日，在中国知网数据库使用高级检索功能，将检索条件设置为"主题＝公园城市"AND"篇关摘＝公园城市"，对这期间的会议文献进行检索，发现"建筑科学和工程"这一学科的会议文献数量达到了 197 篇，占这期间会议文献总量的 94.71%，在数量上占据绝对优势。从会议文献的研究层次来看，这些会议文献都是针对公园城市设计、规划进行研究，属于技术性和应用性研究，属于"工具理性"，而对公园城市的价值、政策等进行系统性、理论性思考的专业会议文献相当缺乏。最后，从文献的学科分布来看，现有会议文献注重梳理公园城市的实践，但对公园城市的建设规律缺乏关注，这也反映出新时代公园城市建设的实践已经迈出很大步伐，但是关于公园城市的理论、公园城市的价值，特别是以成都为样板推动中国式现代化的公园城市建设的价值选择以及所积累的经验的研究不足。实践呼吁我们展示中国式现代化公园城市建设的新成果，对于成都美丽宜居公园城市建设实践推进过程中的经验、价值选择进行理论性、系统性的总结和把握，这是本书创作的直接动因。

第二，虽然年度发文数量的分布情况不能说明公园城市的研究质量，但其在一定程度上可以反映这期间公园城市研究的热度、整体水平和发展趋势等特征。而且，发文数量的分布情况有利于在时间维度上对公园城市研究进行整体把握。笔者于 2023 年 2 月 1 日，通过在中国知网以关键词进行检索，发现以"公园城市"为关键词的文献有 772 篇；以"公园城市"为主题，并将篇名、关键词、摘要同时限定为"公园城市"进行检索，检索到的文献有 1 712 篇；以"公园城市"为主题，检索到的文献有 5 726 篇，相关文献按"年份"进行统计并绘制历年发文量分布折线图（见图 4-1）。

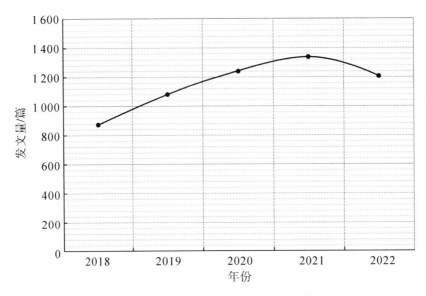

图 4-1 公园城市相关研究年度发文量统计

由图 4-1 可以看出，2018 年的文献有 870 篇，占这期间发文总量的
15.19%；2019 年的文献有 1 076 篇，占这期间发文总量的 18.79%；2020
年的文献有 1 238 篇，占这期间发文总量的 21.62%；2021 年的文献有
1 335 篇，占这期间发文总量的 23.31%；2022 年的文献有 1 203 篇，占这
期间发文总量的 21%。经过比较发现，这期间，2021 年关于公园城市的研
究成果最多，2020 年次之，2018 年最少。值得一提的是，这期间，关于公
园城市研究的文献数量总体递增，但有所回落。这说明自 2018 年 2 月习近平
总书记视察四川天府新区之后，社会各界对公园城市的关注度不断升高。
据此，可以将五年来对公园城市的研究大致分为 3 个阶段：起始阶段是
2018 年；发展阶段是 2019—2021 年，这期间发文总量达到 3 649 篇，占这
期间发文总量的 63.73%，说明公园城市成为社会各界研讨的热点问题，
学术成果不断涌现；深化阶段是 2022 年以后，从发文量来看 2022 年的发
文量较 2018 年、2019 年、2020 年、2021 年稍稍有所回落，反映出学界对
公园城市的研究热度相对降低，但从整体上看仍然呈上升趋势。这在一定
程度上表明前一阶段公园城市研究成效显著，未来一段时间内公园城市研
究将会受到更多关注与青睐。今后要注重研究的深度，不断拓展研究的领
域和范围。

第三，研究主题的分布情况可以反映 2018 年 1 月 1 日至 2022 年 10 月 31 日公园城市研究的热点，也可以据此判断研究的空缺和不足。从研究的主要主题看，研究主要集中在"城市公园"和"公园城市"两大方面，其中针对"城市公园"的研究文献有 1 383 篇，占这期间发文总量的 21.45%；针对"公园城市"的研究文献有 634 篇，占这期间发文总量的 11.07%（见图 4-2）。这说明社会各界在思想上、理论上对"城市公园"和"公园城市"的界定不清，有时会将二者等同起来，亟须在理论上厘清这种模糊的认识。针对"规划设计"的研究文献有 118 篇，占这期间发文总量的 2.06%；针对"新发展理念的公园城市"的研究文献有 39 篇，而针对"公园城市示范区"的研究文献只有 11 篇，针对"美丽宜居公园城市"的研究文献仅有 1 篇。可见，本书所关注的内容目前还有很大的研究空间。

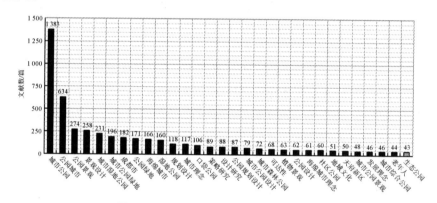

图 4-2 公园城市相关研究主要主题统计

从研究的次要主题看，在这期间，研究主要集中在风景园林、成都市、景观设计、城市公园、公园城市等方面，其中针对"风景园林"的研究文献有 141 篇，占这期间发文总量的 2.46%；针对"成都市"的研究文献有 137 篇，占这期间发文总量的 2.39%；针对"景观设计"的研究文献有 103 篇，占这期间发文总量的 1.8%；针对"城市公园"的研究文献有 97 篇，占这期间发文总量的 1.69%；针对"公园城市"的研究文献有 91 篇，占这期间发文总量的 1.6%（见图 4-3）。

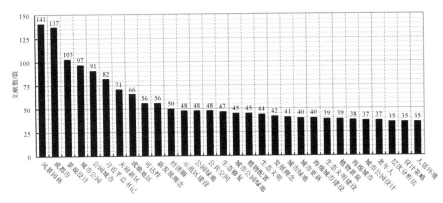

图 4-3 公园城市相关研究次要主题统计

由图 4-3 可以看出，围绕成都公园城市建设的研究文献数量占这期间研究文献总数的 6.66%，仅次于以"风景园林"为主题的研究文献数量。可见，这期间国内学者对于"成都公园城市"的关注度较高，具有较多的研究成果。但是，关注度高在一定程度上并不能完全说明该研究成果的研究价值有多大，只能说明有一定的参考性。另外，关注度高从某种程度上也不完全表明公园城市建设的实践对理论成果研究的关联度。

第四，学科分布情况能在一定程度上反映目前公园城市研究的学科侧重及发展现状。2023 年 2 月 1 日，笔者首先以"公园城市"为主题词，在中国知网数据库进行检索，并使用中国知网数据库可视化分析工具，对这期间发表文献的学科分布进行初次统计汇总，绘制了排名前 20 的研究学科分布图（见图 4-4）。

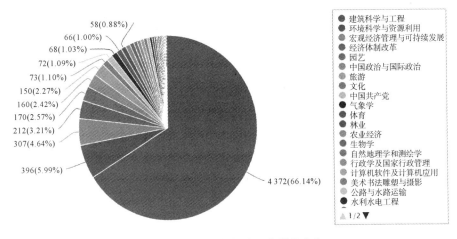

图 4-4 公园城市相关研究学科分布

由图 4-4 可以看出，这期间研究公园城市的主要学科是建筑科学与工程，此学科文献总量为 4 372 篇，占这期间文献总量的比例高达 66.14%。其他占比超过 1% 的学科分别是环境科学与资源利用（文献总量 396 篇，占比 5.99%）、宏观经济管理与可持续发展（文献总量 307 篇，占比 4.64%）、经济体制改革（文献总量 212 篇，占比 3.21%）、园艺（文献总量 170 篇，占比 2.57%）、中国政治与国际政治（文献总量 160 篇，占比 2.42%）、旅游（文献总量 150 篇，占比 2.27%）、文化（文献总量 73 篇，占比 1.10%）、中国共产党（文献总量 72 篇，占比 1.09%）、气象学（文献总量 68 篇，占比 1.03%）、体育（文献总量 66 篇，占比 1.00%）、林业（文献总量 58 篇，占比 0.88%）。再进一步统计，党建、政治学、行政学、公共管理学相关学科的文献资源总量共计 264 篇，占比总和仅为 4.61%。

为了更精准地对当前公园城市研究状况进行统计和分析，笔者在同一天使用中国知网数据库高级检索功能，设置检索条件为"关键词=公园城市"AND"篇关摘=公园城市"，对这期间发表的文献进行检索，检索到 1 712 篇相关文献。笔者运用中国知网数据库可视化分析工具，对文献数量排名前 20 的学科进行统计，发现这期间研究公园城市的主要学科依然是建筑科学与工程，文献数量达 1 102 篇，占这期间文献总量的 64.37%。涉及政治学、党建、行政学等学科的文献数量为 149 篇，占这期间文献数量的比例为 8.7%。这些数据说明公园城市的研究学科范围和研究领域不太广泛，集中于建筑科学与工程、环境科学与资源利用、园艺、林业等技术性、应用性学科，对公园城市实操应用方面的研究较多。相对而言，政治学、党建、行政学、公共管理学等学科对公园城市这一课题研究的关注度不够，其学科研究的前沿和热点没有将"公园城市"覆盖进去。实际上，成都美丽宜居公园城市建设作为国家战略的有机组成部分，是中国式现代化城市发展道路的实践探索，是习近平新时代中国特色社会主义思想的具体体现，是新发展理念的生动实践。打造公园城市"新引擎"，没有先例可循，没有作业可抄。2018 年以来，为完成党中央交付的这一重大政治任务，成都义无反顾地扛起政治责任，以高度的责任感、使命感，专注发展，不断开拓创新，为破解城市发展困境，探索中国式现代化城市发展道路砥砺前行。一路走来，成都的战略位势从内陆腹地走向开放前沿，空间格局从"两山夹一城"走向"一山连两翼"，发展动能从要素驱动走向创新驱动，价值选择从"产城人"走向"人城产"，文化气度从休闲之都走向公园城市。公园城市建设，是一项浩大的系统工程，关于如何统筹各方力量，汇聚各力量，成都给出了答案。5年来，成都美丽宜居公园城市建设所面对的困难和问题、所取得的经验和成就，以及对其他城市所产生的示范性效应，都值得社会各界认真梳理、思考和总结。本书的研究价值在于紧跟成都美丽宜居公园城市建设实践的步伐，对5年来成都在美丽宜居公园城市建设实践推进中，面对新时代、新征程、新矛盾，如何突破城市发展视野的局限、如何突破城市发展规律的增长极限、如何摆脱传统发展过程的路径依赖，以及成都在破解城市发展困境中遵循的世界观、方法论进行的价值考量给予系统性总结和理论性思考，以期为新时代新征程城市发展转型提供成都经验和成都方案。这也充分表明，公园城市作为党中央新时代城市发展模式理论创新成果的重要内容，却没有受到学界应有的关注，对公园城市的学术研究远远跟不上实践发展的步伐。2018年2月，习近平总书记视察成都时提出，天府新区是丝绸之路和长江经济带建设的重要结合点，要建设好公园城市，使天府新区成为成都乃至整个西部地区新的发展增长点。这是党中央对新时代城市发展的高度重视，尤其是对成都公园城市建设对于国家发展的战略作用充分肯定。建设公园城市是成都践行习近平新时代中国特色社会主义思想的典型实践，也是贯彻新发展理念的生动示范。成都公园城市建设已经迈出了实质性的步伐，然而党建、政治学、行政学、公共管理学等相关学科的理论研究却远远滞后于实践发展的需要。现实的发展，理论的空缺，亟须从理论上对成都公园城市建设实践推进中收获的成效、积累的经验、所应遵循的价值选择进行系统性思考和总结。

第五，研究层次分布情况可以反映出课题研究的重点领域及研究深度。笔者运用中国知网可视化分析工具，绘制了公园城市相关研究层次分布图（见图4-5）。

由图4-5可以看出，这期间公园城市研究主要集中在工程研究和技术研究两大方面。其中在工程研究方面，检索到1 387篇研究文献，占这期间发文总量的24.22%；在技术研究方面，检索到605篇研究文献，占这期间发文总量的10.57%；基础性研究仅有77篇研究文献，占这期间发文总量的1.34%；应用性研究有86篇研究文献，占这期间发文总量的1.5%；政策性研究有41篇研究文献，占这期间发文总量的0.71%。通过对研究层次进行计量分析，笔者发现，当前公园城市研究侧重于工具性、技术性、应用性研究，基础性研究和政策性研究方面还很欠缺。目前，虽然公园城市建设的实践步伐已经迈出很大一步，但是关于公园城市的理论、公园城市的价值，特别是关于以成都为样板推动中国式现代化的公园城市建设的价值选择、所积累的经验方面的研究不足。此外，还可以得出这样的结论，当前公园城市研究重"工具理性"而轻"价值理性"。实践表明：公园城市研究水平的提升还有很大的空间，研究的领域和深度有待进一步拓展。

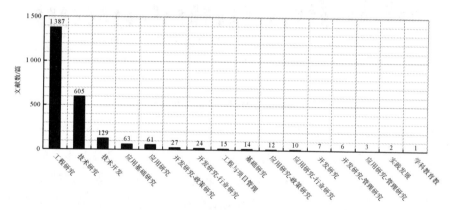

图4-5　公园城市相关研究层次分布

第六，文献类型分布情况能反映课题研究在文献类型分布上的集中与离散态势。据不完全统计，目前关于公园城市的研究类型主要是研究论文，检索到2 360条结果，占这期间发文总量的41.22%；资讯类研究有133条，占这期间发文总量的2.32%；综述类研究有10条，占这期间发文总量的0.17%。这反映出目前公园城市研究以学术研究为主，在一定程度上表明了以公园城市为研究对象的学者群体正在形成，公园城市逐渐成为学界广泛关注的学术热点。学术研究成果的日益丰富，有助于公园城市理论研究和公园城市实践推进，以及公园城市建设经验提炼。从研究机构看，公园城市研究主体以高校、科研院所为主，其中北京林业大学、重庆大学的研究成果较多，分别有147条和115条结果（见图4-6）。

由图4-6可以看出，排名前30的研究机构里没有党校这类科研机构，这说明党校系统对于公园城市的研究还很欠缺。党校作为党委的重要部门，是党的思想理论建设的重要阵地，是党和国家的哲学社会科学研究机构和重要智库，各级党校应该切实承担起理论建设和决策咨询的职责，为推动党和国家发展、推动城市建设贡献力量。本书有助于发挥党校对于党委政府的科研咨政作用，有助于提升党校系统在学术界的影响力。

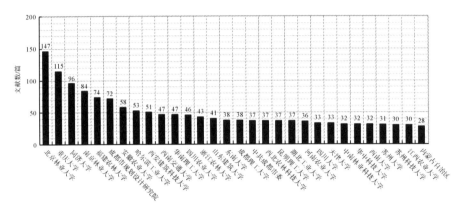

图 4-6　公园城市相关研究机构分布

从基金项目看，公园城市相关基金项目主要以国家自然科学基金为主，共检索到 376 条结果，占比近 50%。此外，受中央高校基本科研业务费专项资金项目支持的文献有 51 篇，受国家重点研发计划支持的文献有 45 篇，受国家社会科学基金支持的文献有 41 篇。经统计，国家级基金项目共计 603 篇，占这期间发文总量的 10.53%；省部级基金项目共计 145 篇，占这期间发文总量的 2.53%；其他基金项目共计 48 篇，占这期间发文总量的 0.84%（见图 4-7 和图 4-8）。

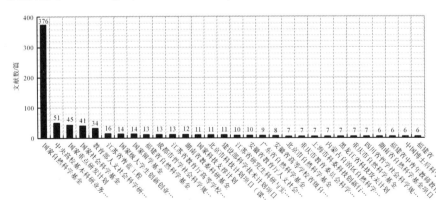

图 4-7　公园城市相关研究基金项目分布

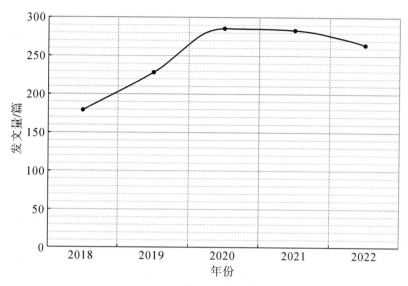

图 4-8　公园城市相关研究年度基金项目分布

总体来看,当前公园城市研究呈现出研究成果多、研究内容广、研究机构和学科分布不平衡、研究层次浅、应用性和技术性研究多、基础性和政策性研究少等特点,公园城市的理论研究滞后于公园城市的实践发展。

4.2　总体目标

成都美丽宜居公园城市建设的总体目标是"全面建设践行新发展理念的公园城市示范区,在城市践行绿水青山就是金山银山理念、城市人民宜居宜业、城市治理现代化上率先突破,建设创新、开放、绿色、宜居、共享、智慧、善治、安全城市,国家中心城市核心功能和位势能级明显跃升,城市有机生命体更加健康、更富活力,共同富裕扎实推进,市民获得感、幸福感、安全感显著增强,奋力打造中国西部具有全球影响力和美誉度的现代化国际大都市。"①

成都美丽宜居公园城市建设,以习近平新时代中国特色社会主义思想和习近平生态文明思想为指导,全面建成体现新发展理念的公园城市示范

---

① 施小琳. 牢记嘱托 踔厉奋发全面建设践行新发展理念的公园城市示范区 [N]. 成都日报, 2022-04-27(01).

区是党中央赋予成都的重要使命。本书从成都美丽宜居公园城市建设的"总体目标"来阐释党中央赋予成都的重要使命任务。这里，公园城市的"总体目标"，首先不是单一的概念，也不是阶段性的概念，而是一个动态发展的综合性概念。所以，我们梳理成都美丽宜居公园城市建设的总体目标，不能仅仅从其字面意思出发，而要从四川天府新区，也就是公园城市的首提地出发去认识和了解，还要从成都美丽宜居公园城市建设的实践过程中认识和解读这个概念。

党中央历来十分重视对自然生态环境的保护、建设和发展，党的十八大以来，党中央把生态文明建设作为社会主义现代化建设"五位一体"总体布局的重要组成部分，"五位一体"总体布局是建设我国现代化国家的重大发展战略。2018年，习近平总书记在成都提出公园城市概念后，要求成都建设公园城市要充分把生态价值考虑进去。2019年5月，中共中央办公厅、国务院办公厅印发了《中共中央 国务院关于建立国土空间规划体系并监督实施的若干意见》①。同时，国务院新闻办就《中共中央 国务院关于建立国土空间规划体系并监督实施的若干意见》有关情况举行发布会②。2019年10月，中共中央办公厅、国务院办公厅印发了《关于在国土空间规划中统筹划定落实三条控制线的指导意见》③。同时，国家自然资源部专门就《关于在国土空间规划中统筹划定三条控制线的指导意见》④举办了新闻发布会，对文件精神进行了解读。这些关于生态保护的系列文件的出台，为成都美丽宜居公园城市建设，以及成都在推进超大城市现代化建设中科学处理人与自然以及城市的动态关系，提供了重要的政策支撑。

为贯彻落实党中央的伟大决策部署，2021年7月，成都市委十三届九次全会通过了《关于高质量建设践行新发展理念的公园城市示范区高水平

---

① 新华社. 中共中央 国务院关于建立国土空间规划体系并监督实施的若干意见［N］. 人民日报，2019-05-23（01）.

② 新闻办就《中共中央 国务院关于建立国土空间规划体系并监督实施的若干意见》有关情况举行发布会［EB/OL］.（2019-05-27）［2023-03-30］. 中国网，http://www.gov.cn/xinwen/2019-05/27/content_5395102.htm.

③ 中共中央办公厅 国务院办公厅印发《关于在国土空间规划中统筹划定落实三条控制线的指导意见》［EB/OL］.（2019-11-01）［2023-03-30］. 中国政府网，https://www.mnr.gov.cn/dt/zb/2019/gtkjgh3t/.

④ 《关于在国土空间规划中统筹划定三条控制线的指导意见》新闻发布会［EB/OL］.（2019-11-07）［2023-03-30］. 中国政府网，https://www.mnr.gov.cn/dt/zb/2019/gtkjgh3t/.

创造新时代幸福美好生活的决定》（下文简称《决定》）①。《决定》指出了党中央赋予成都的重大政治任务就是建设践行新发展理念公园城市示范区。《决定》明确了成都美丽宜居公园城市建设的总纲，主要包括公园城市示范区建设的重大意义和总体要求。比如，在重大意义方面，《决定》聚焦全面贯彻新理念新思想新战略，阐释了成都公园城市建设"是坚定贯彻新理念新思想新战略的政治自觉，有利于把新理念新思想新战略内化为全体市民的政治认同和价值认同"。《决定》聚焦科学处理人口、城市、景观、产业之间的关系，阐释了成都美丽宜居公园城市建设"有利于加快建设人城境业高度和谐统一的大美公园城市……有利于通过先行先试、辐射引领提升城市综合能级和国际竞争力，形成吸引国际高端要素和优秀人才资源的巨大引力场……有利于把城市发展成果具化为可感可及的美好体验，加快打造共建共治共享的'人民城市'幸福样本。"这一系列论述意义重大，从政治自觉、政治认同、价值认同等方面，指明了成都美丽宜居公园城市的政治站位和价值导向；从提升城市能级、国际竞争力、巨大引力场等方面，指明了成都美丽宜居公园城市的功能定位和目的指向；从大美公园、美好体验、幸福样本等方面，指明了成都美丽宜居公园城市建设的核心实质和丰富内涵。在阐释公园城市示范区建设的重大意义后，《决定》进一步论述了成都美丽宜居公园城市建设的总体要求，回答了成都要建成什么样的公园城市示范区的问题。关于这一问题的回答，《决定》分别从成都美丽宜居公园城市建设的指导思想、根本目的、基本任务、基本原则、基本要求、战略部署等方面进行了阐释。一是成都美丽宜居公园城市建设的指导思想：坚持习近平新时代中国特色社会主义思想，坚持以习近平总书记对四川及成都工作系列重要指示精神为指导。二是成都美丽宜居公园城市建设的根本目的：坚持以人民为中心，坚持人民至上，始终坚持实现人民群众对美好生活的向往。三是成都美丽宜居公园城市建设的基本任务：围绕高质量发展这一实现中国式现代化的首要任务，坚持践行新发展理念，为人民群众创造高品质的城市生活，推动城市治理实现高能效。四是成都美丽宜居公园城市建设的基本原则：坚持世界眼光、时代特色，坚持生态优先、绿色发展，坚持以人为本、共建共享，坚持系统创

① 中共成都市委关于高质量建设践行新发展理念的公园城市示范区高水平创造新时代幸福美好生活的决定 [EB/OL]. (2021 - 08 - 05) [2023 - 03 - 30]. 成都市人民政府网，http://gk.chengdu.gov.cn/govInfo/detail.action？id=3072592&tn=2.

新、引领示范，坚持长远规划、分步实施。五是成都美丽宜居公园城市建设的基本要求：成都人民在全面践行新发展理念的基础上打造的公园城市，是成都人民新时代新征程紧紧围绕美好城市生活向往的目标上高水平创造的公园城市，是一次真正意义上的由人民群众建设公园城市的生动实践，是人民的公园城市。六是成都美丽宜居公园城市建设的战略部署。战略部署是成都美丽宜居公园城市建设总体思路的重要方面，也是支撑和推动成都建设践行新发展理念公园城市示范区的路线图。《决定》明确了成都美丽宜居公园城市建设三个阶段的推进目标。第一阶段是到 2025 年，基本建成"人城境业高度和谐统一的美丽宜居公园城市形态"，基本建立人民群众"创造幸福美好生活的体制机制和政策框架"。第二阶段是到 2030年，全面建成"践行新发展理念的公园城市示范区"，全面提高人民群众在公园城市中的幸福美好生活水平。第三阶段是到 2035 年，充分彰显"生态型、高质量、人本化、有韧性、可持续"的公园城市特质，使成都美丽宜居公园城市成为全面"践行新发展理念的公园城市示范区"的全国样板，在推进中国特色社会主义共同富裕道路上走在前列。

综上所述，建设美丽宜居公园城市是成都落实党中央赋予的全面建设践行新发展理念公园城市示范区的政治使命，也是四川省和成都市贯彻落实和推动建设成渝地区双城经济圈国家战略的时代使命。成都美丽家居公园城市建设的总体思路，主要体现在《决定》当中。本节紧紧依托《决议》相关精神要义，从《决议》中关于成都美丽家居公园城市建设，特别是成都建设全面践行新发展理念公园城市示范区的指导思想、基本原则、基本目标、实践要求、战略部署等方面对成都美丽宜居公园城市建设的总体思路进行解读和阐释，以期为成都美丽宜居公园城市建设提供思想、原则、目标、方法等方面的引领，对人们认识和了解成都美丽宜居公园城市建设的总体情况，起到"桥梁"和"窗口"或者是"导读"的作用。

4.3 主要做法

第一，坚持把创新发展作为美丽宜居公园城市建设的根本动能。成都美丽宜居公园城市建设注重用创新驱动发展，通过建设全国科技创新中心，使创新成为每一个在成都追梦的人不断创业的动力。一是建公园城市平台。成都出台了一系列创新创业的政策,并搭建了创新平台,优化了组织结构。比如,成都通过搭建国家科技创新中心、西部科学城、天府实验室,共建高校企业研发平台,提升了科研成果转化的能力和水平。二是强公园城市业态。成都构建了一系列现代产业体系,规划了产业园。比如,成都建设本土产业高质量发展试验区,对传统的制造业、服务业、电子产业进行数字化、智能化、生态化改造,培育新兴产业集群,大力发展无人机、新能源等新兴产业,科技赋能生产性服务业,建设数字乡村。三是育公园城市场景。成都建设了一系列差异化、市场化、专业化的产业发展共同体,不断优化产业发展空间布局,实施人才、住房、医疗、教育等方面的保障性政策和激励性政策,汇聚了领军人才、技能人才、应用人才等各类产业发展急需的人才,为支持产业发展提供良好的生产生活氛围。比如,推行"揭榜挂帅""赛马制"等制度,建设蓉漂人才发展学院、成都知识产权法院等。

第二,坚持把协调发展作为成都美丽宜居公园城市建设的内在优势。成都美丽宜居公园城市建设突出人城业等要素的作用,实现开放发展、包容发展、韧性发展和协调发展,构建与公园城市建设的远景目标相适应和人民对美好的公园城市生活向往相匹配的要素发展空间场景。一是公园城市市域空间场景优化建设。比如,成都建设东部新区、天府新区公园城市示范区、龙泉山森林公园、城乡融合试验区、高品质生活区、大运公园。二是公园城市都市空间场景优化建设。比如,成都推进行政区与经济区适度分离改革试点,推进成渝地区双城经济圈建设,打造现代化立体交通体系,筑牢长江上游生态屏障。三是公园城市区域空间场景优化建设。比如,成都加快成都平原经济区一体化发展,与川南经济区、川东北经济区、攀西经济区、川西北生态示范区加强合作,构建区域共同体;与重庆共建金融中心、科学城、陆海新通道;与京津冀、长三角和粤港澳等地区展开合作。

第三,坚持把绿色发展作为美丽宜居公园城市建设的生态底色。成都公园城市建设突出生态本底,通过打造公园城市建设的宜居环境新形态,让"雪山下的公园城市"和"烟火里的幸福成都"更加名副其实,真正成为城市生态价值高质量转化的公园城市示范区,成为人与自然和谐共生的美好家园。一是推进全城增绿,筑牢公园城市生态底色。成都建设了"大熊猫国家公园""龙泉山城市森林公园""川西林盘""环城生态绿道"

"锦江公园""天府绿道""天府蓝网"等重大人居环境整体性增绿工程。二是加强环境整治，提升公园城市生活品质。成都建立了"大气污染防控""河湖长制""地下水污染""水气土预警""脏乱差""散乱污"等突出环境问题整治政策，开展了一系列优化环境的群众性活动。三是聚焦机制运行，推动公园城市生态转化。成都推进生态产品价值创新转化的全程运行和市场经营开发机制，加快绿色经济考评体系建设，健全生态补偿机制，确权登记自然生态资源，建设生态产品交易平台、消费场景等生态产品机制。四是强化生态教育，营造公园城市绿色生活。成都加强传统产业的排碳、降碳的科技创新力度，建设低碳清洁的节能体系，打造绿色技术中心、工程研发中心，建设绿色金融和生态试验区①，打造立体交通网络。

第四，坚持把开放发展作为美丽宜居公园城市建设的最大变量。成都美丽宜居公园城市建设充分利用好内外两个大市场，内部是 2 100 多万人口的大都市，外部更是广阔天地，促进物质、精神、社会之间的要素流动，为人民群众对美好公园城市的生活向往，提供更多的多元化、多样化生态产品。一是加强交通建设，畅通公园城市内外通道。成都推进天府国际机场和双流国际机场协同运营，优化建设国际铁路港、自贸试验区综保区、天府国际航空经济区、进口贸易促进创新示范区等通道和平台。二是聚焦成都元素，建立公园城市多元化产品供给体系。成都聚焦城市功能和蜀味元素，促进场景消费、首店消费、户外消费、定制消费、会展消费、数字消费、绿色消费、夜间消费、文创消费、线上消费等特色消费，融合线上与线下，打造春熙路、交子公园、西部国际博览城、天府空港新城等商圈，提升公园城市生活品质。三是营造营商环境，激发公园城市活力。成都推广"一站式"服务，升级"蓉易办"平台，实施国际化营商环境4.0 版，健全企业全生命周期政策服务体系，建设天府中央法务区；打造大熊猫、三星堆—金沙、三国文化、都江堰、青城山、宝墩遗址、天府文化中心、天府艺术公园、天府奥体公园等文化招牌；培育国际非遗节、成都"十二月市"、天府大地艺术季活动品牌，扩大成都海外"朋友圈"。

第五，坚持把共享发展作为美丽宜居公园城市建设的重要理念。成都

---

① 李霞，李颖. 中共成都市委关于高质量建设践行新发展理念的公园城市示范区高水平创造新时代幸福美好生活的决定 [EB/OL]. (2021-08-05) [2023-03-30]. http://gk.chengdu.gov.cn/govInfo/detail.action？id＝3072592&tn＝2.

美丽宜居公园城市建设以实现人民群众对美好生活的向往为目标，实现人民群众在公园城市的生活、服务等方面的美好体验。成都健全工资增长和支付保障机制，建立企业减负长效机制；探索赋予农民要素参与分配机制、住房制度、人才安居服务体系；打造15分钟社区生活圈，改扩建幼儿园、中小学，支持在蓉高校"双一流"建设；全面推进城区、片区、街区、社区四级文化空间建设；健全体育场地、儿童友好社区、老年教育、残疾儿童康复救助、特殊群体法律援助等服务体系。

第六，坚持把安全发展作为美丽宜居公园城市建设的重要基石。成都美丽宜居公园城市建设以平安家园推动城市治理现代化，使人民群众在公园城市的生活更高效、更安全。成都深化"党建引领、双线融合"治理机制，健全"一核三治、共建共治共享"基层治理体系，加强居民小区管理，建设智慧型、国际时尚型、绿色低碳型、天府人文型主题社区，加快推动基础信息网、公共服务网、智慧治理网、产业生态网融通发展，提升岷江、沱江流域防汛能力，加强地下空间统筹规划开发利用，创新应急物资和粮食、能源、医药等供应保障机制，打造数字孪生城市，打造"一网通办""一网统管"一键回应"多元共治智慧场景，完善社会危机干预机制。成都还加强风险评估预警处置，深化金融监管，提升食品安全监管保障水平，创建国家食品安全示范城市。

综上所述，成都美丽宜居公园城市建设坚持创新发展、协调发展、绿色发展、开放发展、共享发展、安全发展的重要举措，将准确、全面践行新发展理念的公园城市示范区建设作为当前和今后重要的工作，不忘初心，为高水平满足人民群众对美好公园城市生活的向往，成都把四面八方的力量和资源充分地凝聚和调动起来，汇聚成人民群众共享、共建、共创美好公园城市的洪流。

4.4 推进特点

成都美丽宜居公园城市建设已有近5年之久了，在这些年的实践中，成都不断总结自身经验，吸取国内外城市建设，特别是"类公园城市"建设的相关经验，走出了一条符合成都实际，彰显成都特征的中国式现代化美丽宜居公园城市建设道路。笔者在前文不完全概述的基础上，系统总结梳理成都美丽宜居公园城市建设的特点，为更好地理解和把握本书后面的章节内容提供一定的理论基础。

第一，顶层设计、规划先行。成都美丽宜居公园城市建设，优先注重"顶层设计、规划先行"，这是成都美丽宜居公园城市建设的显著特点。成都地处我国西南地区，是成渝地区双城经济圈的重要一极。成都周围有雪山、河流、小镇、林盘、农田以及水利工程等，是举世闻名的美食之都、文化之都。成都自古自然气候、生态环境优势突出，产业发展基础较好，人才科技教育资源充足，这为美丽宜居公园城市建设奠定了良好的基础。成都美丽宜居公园城市的一系列实践推进，起始于2018年习近平总书记来四川和成都视察提出公园城市系列重要论述。之后，党中央、国务院、四川省、成都市及其市辖区内的各个区（市、县）相继出台了一系列政策，进一步为成都建设美丽宜居公园城市提供了强有力的政策基础。这些推动美丽宜居公园城市建设的政策，从指导思想、基本原则和定位功能等方面，对成都市的城市建设作出了明确而具体的规定。在公园城市建设政策设计和实施的指导思想上，成都坚持以习近平新时代中国特色社会主义思想为指导，以习近平生态文明思想为指引，在全面践行新发展理念公园城市的实践中，统筹生态与安全、人与自然和谐共生，塑造公园城市新形态，提升公园城市治理效能，营造高品质、高质量的公园城市生活。在公园城市建设政策设计和实施的基本原则上，成都坚持整体性谋划推进、创新性重点突破、有序性风险防范等设计和推进原则，统筹处理公园城市建设的生态与生活、生态与经济、生态与社会、生态与安全等协调发展的关系问题，统筹处理公园城市建设的宜居宜业、生态治理、绿色发展、共享共建、自然文化等价值彰显的具体问题，统筹处理公园城市建设的历史特色、地区特征、人文习惯、社会影响、国际形象等特色发展的现实问题，坚持问题导向和系统观念，有效地防范和化解公园城市建设中存在的各种不确定性风险。在公园城市建设政策设计和实施的定位功能上，成都坚持把生态价值放在首位，聚焦公园城市绿色发展的生态示范区建设的重点领域，以水而定、量水而行，突出人民群众的宜居宜业理念，优化现代公共服务供给体系，提升生活生态环境质量，优化人才就业机制，拓展城市智能体验空间，着力打造更加治理有效、生态宜业的宜居家园。

成都围绕公园城市示范区建设，突出美丽宜居的生态底色和价值目标，坚持建设以人民为核心的公园城市，特别是以满足人民群众对美好公园城市生活的向往为最终目标，制定了远景战略和近期目标。同时，成都在公园城市建设的过程中还在城市形态、场景营造等方面进行探索，比如，探索公园城市形态与城市空间和乡村振兴融合发展的路径，有些区（市、县）把这种公园城市建设的路径称为"公园城市乡村表达"，这也成为学术界关注的热点话题。比如，在探索公园城市与生态绿色底色融合的场景建设方面，成都有些区（市、县）重点推动城市全面增绿，开建城市公园绿道，推进小区屋顶绿化，居民生活窗户盆景化，拆围栏、拆违建，整体加大城市绿化范围，公园城市绿色空间逐年增加，城区绿地面积不断扩大，全市空气和水资源质量稳步提升，绿色生态的城市生态底色进一步筑牢。比如，在探索公园城市与优秀历史文化传承融合建设的路径方面，成都有些区（市、县）深入挖掘历史名人、古镇名村、文化遗址、非遗古迹、民俗美食等文化元素，将其与城市公园绿色场景、市政建设、城市街区、交通道路、公共设施建设相结合，使人们在享受公园城市的公共文化服务场景乐趣的同时，感受公园城市的历史文化魅力，传承公园城市的优秀文化精神。

在探索公园城市与社会经济事业融合发展的路径方面，成都聚焦有些区（市、县）城乡公共服务发展的不平衡性和不充分性，加强社会保障体系建设，全方位推动教育、住房、医疗、文化、就业等公共产品的供给与公园城市建设协调发展，高质量、高水平建设便民生态生活圈、宜居宜业交通圈、绿色产业发展圈、美丽宜园环境圈，公园城市的现代治理体系逐步完善，"园中建城、城中有园、推窗见绿、出门见园"的公园城市形态初步彰显，人民群众宜居宜业的幸福感、满足感普遍得到增强，山水人城宜居宜业和美相融的公园城市初步建成。以政策规划推进美丽宜居公园城市建设的模式在成都之所以能够成功，主要得益于以下几方面因素的统筹协调发展。

一是人口的决定性。城市人口是起草和实施城市规划的重要依据，一个城市的发展最终还是人的发展，人口的数量和质量在公园城市建设中起着重要的作用，决定着公园城市建设的根本方向，人民群众对美好生活的向往决定着成都美丽宜居公园城市建设的方向。近年来，成都在人才建设方面的显著成就，为成都美丽宜居公园城市建设提供了坚强的后盾。当前，成都全市人口数量达2 100多万，在全国所有大城市中人口承载量居于前列，在省会城市和副省级城市中处于首位。

二是区位的重要性。城市区位是城市规划方案形成和实施的重要基础。完备科学有效的城市规划，必须依托特定的城市区位进行拟定和实施。城市区位要素情况总体特征，在城市规划方案实施过程中起着重要的基础性作用。成都美丽宜居公园城市建设，依托成都长期形成的一、二、三圈层特点，依赖成都由特有的土地、森林、丘陵、平原等自然区位特征发展而成的各具特色的县域经济形态。

三是产业的基础性。城市产业是推动公园城市建设的物质条件，也是吸引城市人口流入和人口回流的重要条件，城市产业体系的质量，决定着城市人口的层次和数量，是公园城市发展的主要因素。经过多年的发展，成都已经成为西南地区产业体系，特别是现代产业体系比较完备的城市，成都的产业门类、产业分工都具有独特的优越性。同时，成都还有很多外来企业，这些企业的发展对成都推进城乡融合发展试验区建设，夯实公园城市建设的物质基础，起着重要作用，发挥着重要贡献。

四是城市的人文性。历史文化是城市文明发展的血脉，也是公园城市建设的文脉。没有人文的城市，无法进行持续性发展，也无法得到人们的接受和青睐。城市的人文精神是滋养公园城市建设的精神动力，在一定程度上，影响着在公园城市中生活创业的人们的思想归宿与精神追求，是提升城市影响力和竞争力的软实力。因此，公园城市建设不仅是人类城市文明的物质形态，而且是人类城市文明发展的精神形态，是物质形态与精神形态同步推进、共向发展的统一体。

成都进行美丽宜居公园城市建设，不仅重视城市产业，特别是生态产业的发展，而且还特别重视城市多种产业新业态的发展，既重视城市建设的物质力量，又重视城市建设的精神力量，处理好公园城市建设的物质力量与精神力量的辩证统一关系，是文明城市创建的重要原则。成都围绕公园城市建设的人文精神培育，探索推进公园城市论坛、公园城市研究组织、公园城市相关人文政策研究机构、公园城市体系指标设计、公园城市人才发展、公园城市产业科技创新等研究力量，为推动城市的产业发展、产业布局、科技链、创新链、产业链等的发展提供精神支撑。同时，成都市还围绕公园城市建设，将生态性和人文性统一起来，搭建了数字技术、高新技术、创新创意设计、文博产业、现代影视等重大城市公共文化基础设施平台，吸引了一大批企业落地。

五是机制的能动性。机制等政策制度体系既是美丽宜居公园城市建设的重要驱动力量，也是成都美丽宜居公园城市建设的重大优势。成都美丽宜居公园城市建设的规划设计和政策推动实施，本身就是围绕公园城市示范区建设的一系列制度、机制、政策、体系发挥政策性功能的表现形式，其为美丽宜居公园城市建设的各要素主体的充分流动，起着重要的制度支撑和政策保障作用，是成都相关基层组织单位（部门）有效推进公园城市建设的具体工作依据。比如，成都探索推进了贯穿全市公园城市建设全过程的"党委+公园城市建设局+社会组织"的组织运行机构，为公园城市建设提供了有力的组织领导架构。又比如，成都探索完善了"党组织+基层社区（村组）治理委员会+基层社区（村组）居民（村民）议事会+社区（村组）其他组织（个人）"的公园城市建设实施机构，为高品质、高水平建设公园城市提供"横向到边、纵向到底"的执行机构保证。还比如，成都探索共享发展的公园城市建设格局，培育"天府总部商务区生活商圈+15分钟生活圈+生态绿道生活圈"宜业生态基础单元，实施"蓉漂计划+科学家领航工程"招才引才留才育才机制，健全"大熊猫等关键物种+极小种群栖息地"风险评估基地（熊猫小镇、创新小镇、文化小镇），建设"绿色廊道+耕地保护区+通风廊道"生态网络体系，搭建"天府水生态+不可移动文物保护线+应用数据库"管理平台机构，营造"山水生态+天府绿道+乡村郊野+产业社区+天府人文+公园社区"空间生态场景，构建"轨道+公交+慢行"三网融合的绿色交通系统，打造"自行车（步行）专用道+自行车（步行）主通道+自行车（步行）一般道+自行车（步行）特色道+通学优先道+慢行绿道"多彩生态慢生活大道，塑造"川西自然生态风光+成都平原农耕文明+成都西部8个区（市、县）城乡融合试验区"和谐共生、蜀风雅韵、自然秀美的公园城市生态画卷，倡导形成"绿色出行、简约适度、绿色低碳"的立体生活风尚。如今，骑行公园绿道已成为成都市民日常休闲生活的重要组成部分。

第二，分级分类、精准保障。城市建设总体上分级分类和城市建设的精准保障，是成都美丽宜居公园城市建设的一个实践特色。分级分类，在一定程度上成为成都美丽宜居公园城市精准部署、精准施策、精准实施、精准推进的重要方式。同时，成都进行美丽宜居公园城市建设，还在国土空间规划方面做到了分类精准和分级精准，这是确保公园城市建设政策精准保障的重要前提。一是科学做好公园城市规划的基础性工作。充分进行地理空间测绘，摸清公园城市建设的土地、建筑、地标、公园、基础设施、网红打卡点位等基本数据，为建设公园城市生态产业功能区、公园城市产城融合发展试验区，构建公园城市科技创新空间体系和"碳惠天府"机制等基础设施所需要的"软件"，特别是为建设开放公园、生活公园、工作公园、休闲公园、消费公园、文化公园、友谊公园、友善公园、服装公园、时尚公园、科技公园、工业公园、遗址公园、公交公园等形形色色的公园城市场景新形态，提供精准有效的数据分析基础。二是分层分类筑稳公园城市建设的安全根基。安全是现代城市发展的最根本需要，数据安全、空间安全、生活安全、生产安全、生态安全、环境安全、经济安全、文化安全、社会安全等都是现代化城市发展的整体性、系统性工程，也是一个长期建设的战略性任务，需要持续性地分层分类系统推进。成都探索以数字技术为重点的数字城市、数字公园、数字空间等新型公园城市基础设施建设，优化绿色公交、自行车、步行、私家车、地铁等交通安全网络系统，更新城市公园物理空间形态、市政防灾防震等安全性基础设施设备，以分层分类推进绿色低碳、生态优美的智慧城市建设。三是精准优化公园城市监督治理能力。美丽宜居公园城市建设离不开科学精准、务实有效的数字化治理，降低城市治理成本，提升城市监督效能，已经成为成都利用数字技术推进公园城市科学规划和精准建设的重要抓手。事实证明，数字化已经成为精准保障公园城市建设的重要手段，数据在其中起着基础性的作用。成都及时研究出台了《关于建立公园城市国土空间规划体系全面提升空间治理能力的实施意见》，优化了成都美丽宜居公园城市建设各个层面的运行机制，打造了反应迅速、判断精准的数字监督系统，为公园城市生态生活、防灾减灾、污染检测、交通畅通、美丽和谐、宜居宜业等方面的安全，提供数字科技赋能的强大制度优势。这些科学的数据检测和数字化运行，也为成都制定公园城市建设的各项政策，破解绿色产业发展困境，优化城市各种配套设施，提供了基础数据。

第三，基层探索、把握规律。勇于探索规律、善于发现规律、科学把握规律、合理运用规律是成都美丽宜居公园城市建设的重要内容，也是新时代新征程中国共产党领导成都美丽宜居公园城市建设的实践逻辑。成都建设全面践行新发展理念的公园城市示范区，离不开对公园城市建设规律和发展规律的合理把握。探索、发现、把握和运用城市建设规律，需要人民群众不间断地进行科学探索。对于成都美丽宜居公园城市建设而言，运用城市建设规律需要在成都下辖的各个区（市、县），立足公园城市建设的实际情况，科学把握公园城市建设的逻辑。比如，摸清公园城市的底数，探索公园城市建设方案、发展规划的编制规律。又比如，成都个别地区统筹推进公园城市建设方案的执行和实施，加强对公园城市推进力度的督促和考核，优化公园城市要素指标量化评价的考核规律，充分把握公园城市建设效果评价的关键性指标，特别是在公园城市建设的各个领域、各个阶段的关键性要素。再比如，公园城市建设需要树立安全生产的底线，把生产安全、生态安全放在重要位置，公园城市不仅需要保障人民群众的安全，更需要确保公园城市的建设主体的安全和公园城市建设内容的总体安全，归根结底，还是要保证在公园城市生产生活中的人的安全。人的安全永远是第一位的，这也是成都探索公园城市建设规律的重要目的。另外，成都美丽宜居公园城市建设，还充分利用了城市内部和城市外部协同发展的规律性因素，其中，从成都公园城市外部看，成都美丽宜居公园城市建设积极主动融入成渝地区双城经济圈、长江流域经济带，立足成渝地区双城经济圈国家级战略，加快推动成都平原经济圈建设，将成都与周边的德阳、资阳、眉山等地联动发展，特别是在城市生态建设上，从整体大环境系统着眼，整体性构建生态治理的规则体系，利用自然地理原生态的空间格局，内外联动、空间融通、协同治理、科技赋能、建圈发展，着力建设国家科学中心、成渝科创走廊、川渝自贸试验区、协同开放示范区、内陆自由贸易港、生态产品价值实现示范区、营商环境改革创新试验区、国际化教育高地、生命健康服务和历史文化传承创新弘扬基地等新平台。

第四，问计于民、治理有效。城市发展的最终目的是满足人民群众的需要，城市是人民群众伟大实践的产物，人是城市的主人。成都美丽宜居公园城市建设，以满足人民群众对美好生活向往为根本目标，公园城市建设的各个方面、各个要素主体、各个环节以及各个阶段，都离不开人民群众的广泛参与，成都美丽宜居公园城市是人民幸福的现代化表达。比如，围绕人的根本需求，特别是人民群众美好生活的各个领域和各个方面的需要，成都设计了公园城市生活的慢节奏、慢系统，让人在公园城市的生活中能够真正慢下来，释放紧张生产生活带来的压力。同时，成都公园城市建设还把城市生活生存与乡村的发展进一步统一起来，优化城乡人口流动机制，土地财产市场准入机制，产业项目配套机制以及城乡产学研互动融合机制。比如，成都在推进老旧小区改造，推动公园城市普遍增绿的实践中，充分凝聚人民群众的意见建议，畅通吸取民意民智的渠道，出台《成都市老旧小区（院落）党建"四有一化"建设三年行动计划》，以制度机制的形式保障了人民群众参与公园城市建设的途径。同时，成都还积极构建、完善和优化公园城市建设的基层议事协商制度，采纳人民群众的意见，快速到达公园城市建设的决策过程。另外，成都还不断优化意见建议的服务形式，在意见建议的采纳、宣传、收集等方面，利用线上线下等多种渠道征求意见、网络回应、及时公布，激发了人民群众创建公园城市的积极性和主动性，将问计于民推到了一个新高度。

第五，实践创新、彰显特色。人的多样化需求和各个地域经济社会发展要素禀赋以及自然地理气候地貌等因素的异质性，决定了各个城市建设的风格各不相同。千篇一律、千城一样的城市发展模式，并不能完全反映或者顺应城市发展的历史规律。可是，人能造城，也能兴城，人民群众是一切城市文明的创造者，这是城市发展亘古不变的定律。成都美丽宜居公园城市建设，立足当地生态绿色的自然地理气候环境，将公园城市建设的各个方面与原生态的山水林田湖草沙统筹起来，从公园城市空间规划、城市生产生活系统构建、人居环境整治、城市基础设施风格形态设计等方面入手，着力推进以满足人民群众日益增长的美好生活向往的整体需求为重点的公园城市示范区建设行动。成都美丽宜居公园城市建设，立足成都经济社会生态发展实际，聚焦人民群众对美好公园城市生活向往需求，在城市空间架构上体现成都特色，在公园城市景观形态上彰显大美形态，在科技赋能城市视觉场景的感受中贴近人民群众生产生活，使城市的新业态新平台新动能在全面践行新发展理念的公园城市示范区建设中实现高质量的融合发展。可见，成都美丽宜居公园城市建设，在探索处理现代化城市建设中的人与自然、人与生态、人与产业、人与文化、人与社会等要素发展关系的过程中，既继承和发展着成都历史发展中形成的优秀城市文化传统，又赓续和弘扬着成都在中国共产党领导下的各个历史时期创造的精神文化基因，还创造和丰富着成都在建设全面践行新发展理念公园城市示范区过程中产生和形成的城市精神和城市文化。这些美丽宜居公园城市建设的多种要素的多元化表达，都在彰显人民群众的实践创造，彰显成都公园城市建设的形态特征。所以，从根本上讲，公园城市的创造也好，公园城市形态的特征也罢，都是人民群众所创造的对象化的事物，都是人民群众改造主观世界和公园城市发展客观实际的产物，其表现形式和表达方式都不局限于城市文化、城市精神、城市形态、城市产业、城市生态、城市规划、城市空间的某个方面，而是体现整个城市发展历史长河中的精神印记，让美丽宜居的公园城市更成都，极大地凝聚成都人民的归属感和吸引力。比如，成都以城市公园绿化为抓手，推进城市公园绿色步行、绿色交通、绿色步行等慢节奏生活习惯，将公园绿色与传统的灯会、赶集、书展、绘画、餐饮、戏剧、民歌等民俗文化融合在一起，彰显了成都公园城市建设的品牌形象。又比如，成都市温江区以雪山、农田、科技、医疗、林盘、绿道、江安河、金马河、杨柳河、光华公园、非遗公园、滨河公园、鲁家滩湿地公园为依托，打造公园交通绿道，推进科技与生态、科技与文化、生态与人文等融合发展，打造雪山下的公园城市，形成美丽宜居生态科技人文相融发展的山水田园公园空间场景，让人们随处都能望得见雪山、看得见蓝天、摸得着绿水，彰显"绿色青山就是金山银山"的幸福成都。

5　价值选择

5.1　生活价值

　　满足人民群众对美好生活的向往，是成都美丽宜居公园城市建设的最终价值。成都美丽宜居公园城市建设，也一直把人民群众的生活价值放在首位。人类在成都这块土地上已经有 4 500 多年的生产生活历史，先民们创造了灿烂的古蜀文明，古蜀文明是中华文明的重要组成部分。无论从自然条件、地理条件、生态条件、气候条件看，还是从经济条件、社会条件、人文条件、历史条件看，成都建设公园城市都具有独特的优势。《成都市美丽宜居公园城市规划（试行稿）》制定了成都建设公园城市的发展战略，即"2025 年，公园城市特点初步显现；2035 年，基本建成公园城市；2050 年，全面建成公园城市。"成都建设公园城市重点突出美丽宜居，推动生态环境与绿色产业协同发展，让公园城市的生活更加美好，已经成为成都各类社会组织和个体日常关注的重要话题。公园城市是成都人民生产生活的重要场所，生活是人民群众建设美丽宜居公园城市的第一需要。成都在推进经济、社会、文化、生态等领域的现代化建设过程中，围绕人民群众的美好生活需要，科学完善城市空间，优化城市生活基本功能，推进城市生活环境整体提档升级，增加医疗、教育、就业等公共服务产品供给，丰富人民群众的精神生活。如今，成都全面建成了以龙泉山城市公园、绕城绿道、兴隆湖湿地公园、川西林盘、西岭雪山等为代表的公园城市新场景，使得来到成都的每一个人随时能够吃着火锅，看到千米以上的雪山，"雪山下的公园城市"成为网络热词，"烟火里的幸福成都"引起社会广泛关注。

　　在构建和拓展城市生态空间架构方面，成都与东城集团等社会企业组织进行合作，打造东部新城，吸引了 300 余家世界 500 强企业入驻，解决了上万人的就业问题，破解了让人们能够在公园城市生活下来的现实难题。在满足人民群众在公园城市的生活宜居和出行方面，成都建设城市绿地，优化城市路网，开发人才公寓，打造高品质生活住宅，探索建设新型社区，以满足人民的多样化和多元化生活需求。在改善社会民生方面，成都同步推进公园城市与城乡融合试验区建设，建设公园城市生态绿脉，构建医疗、医药、医养、医美等大健康产业，增加主体公园数量，优化野生鸟类等国家级保护动物特色园区，筑牢人民群众在公园城市美好生活的宜居宜业根基。由此看来，成都美丽宜居公园城市建设的生活价值，就是人民群众在公园城市中的获得感和满意度的重要体现。因此，成都需要在建设公园城市示范区，统筹安全、发展和生态，推进城市环境整体增绿，优化美化城市公园生态方面加速用力，同时，成都不能对原有的城市生活和城市文化以及城市景观造成较大幅度的破坏，不能借助优化、美化城市生态之名去破坏、损害城市生态文化、生态景观、生态遗产，而是要科学利用自然规律进行城市生态建设，以提升公园城市的生态表达。这样，成都美丽宜居公园城市建设，在推进城市绿色高质量转型发展的过程中，能够聚焦"双碳"愿景的实践，推进公园城市的生态价值转换，为人民群众的美好生活筑牢公园城市的生态安全屏障。此外，公园城市的生活价值还体现在人民群众生活的经济安全方面，主要表现为人民群众在公园城市的生活成本如何进一步降低，生活质量如何进一步提高，生活环境如何进一步改善。这些问题的答案就是推进城市产业高质量发展，也就是提升城市产业的竞争力，构建现代化产业体系，加快城市数字产业建设，推进智慧城市发展，加强城市社会治安监督与风险防控检测，提升城市治理效能，筑牢人民群众在城市生活的安全底线，让每个人都能够尽可能地减少生活安全的不确定性，确立人民群众在公园城市美好生活的主人翁地位，提升公园城市的生活吸引力，彰显公园城市美好生活的人本尺度。

5.2 文化价值

文化价值既是衡量一个城市影响力的重要指标，也是判断公园城市建设质量的重要依据。文化是城市繁荣发展的血脉，是城市精神发展的重要标识。精神文化是城市生机活力的内涵表达，也是促进和推动城市其他领域健康发展的动力，协调着公园城市建设各要素之间的运动关系。因此，没有文化精神的城市，终究是没有生命力的。城市在发展的各个历史阶段，滋生了不同形态的城市文化表达，也潜移默化地影响着城市本身的发展变迁。成都美丽宜居公园城市对文化价值的选择，就是人民群众在推进公园城市建设的实践中，不断创造、创新公园城市文化和弘扬、赓续优秀传统文化的实践活动。

公园城市文化产生于成都美丽宜居公园城市建设的实践中，主要表现为公园城市建设中的各种节日、赛事、地标、建筑标识等不同要素的城市文化形态或者城市文化符号。一是成都探索通过发展体育赛事，提升公园城市文化影响力。成都通过举办世界大学生运动会等国际重大赛事，向世界展示公园城市建设的光辉成果，通过特定的体育运动场所，积极调动广大市民参与到公园城市举办的各种国际国内赛事中来。成都围绕体育文化等国际国内重大赛事，营造和培育各种体育文化赛事新业态和公园城市建设新场景，从各个角度、各个媒介向社会各界不断展示成都独特的公园城市文化，传递人民群众建设公园城市的精神风采，展现公园城市是人民群众的城市，公园城市文化完全体现人民群众对美好生活向往的文化形态。二是成都探索通过发展公园城市场景建设，增强公园城市文化表达力。不同形态和不同内涵的公园城市文化，需要借助不同场景，面向不同人群的不同习俗进行不同表达，才能顺利实现，并不断传播。任何城市的场景建设，都离不开城市建设者的广泛参与，成都美丽宜居公园城市建设也是如此。成都美丽宜居公园城市建设的场景建设，紧紧围绕人民群众在成都公园城市中的生产生活生存，始终不脱离人民群众的生产生活生存实践活动。这里，成都围绕不同形态和不同功能定位的城市公园，着力打通各个城市公园的封闭、半封闭结构，拉通城市内各个形态多样、大小不同、主体各异的公园之间的物理空间联系，因地制宜、宜地宜园、宜园宜景，突出人民群众生产生活生存的便利性、生态性和宜居性。比如，成都因地建园，建设了东安湖湿地公园、天府绿道、洛带古镇、玉石国际社区以及产城融合的城市公园和特色商业街区。这些公园和商业街区形成了公园城市的新场景综合体，具备地标产品消费、会议服务、图书文化展示、电影电视展演、科技教育赋能等公共服务产品推广功能，让人们在家门口就能够感受到现代化的公园城市带来的乐趣和生活上的便利。比如，成都沿着龙泉山部分点位打造灯带和观景平台以及餐饮场景，将大量的现代科技元素、本土文化元素、自然景观元素以及新型业态元素融合到公园城市场景建设中去，让人们走进公园城市就能够浸入场景文化的氛围中，感受到公园城市的文化魅力。三是成都探索通过历史文化、红色文化、生态文化等主题公园建设，提升公园城市文化影响力。历史文化、红色文化、生态文化是成都公园城市文化形态建设的重要组成部分，从不同的方面表达和传递着人民群众建设公园城市的精神动力和精神风貌。从历史文化看公园城市建设，成都以老旧小区改造为契机，推动老旧小区社区公园建设，利用其历史文化符号元素，不断完善或者再现历史故事，重塑历史人文精神。从红色文化看公园城市建设，成都人民在新民主主义革命时期，为民族独立和人民幸福展开了丰富多彩的实践探索，比如，成都市内的人民公园就是讲述本土爱国人士为民族独立和人民幸福英勇抗争伟大事迹的场所。今天的人民公园已经成为成都市内的红色主题公园，已经与周边的茶馆密切联系在一起，人们在主题公园中不仅能够缅怀先烈，倾听革命故事，还可以从伟大事迹中汲取精神养分，感悟现在美好生活的来之不易，积蓄为中华民族伟大民族复兴而团结奋斗的精神动力。从生态文化看公园城市建设，成都利用绿色生态较好的自然底色，将公园建设与自然景观结合起来，增加了自然历史文化元素和自然生态文化元素，形成了中华优秀传统文化生态性传承的主体公园体系。比如，成都市内的杜甫草堂和浣花溪公园，就是讲大诗人杜甫在成都生活的事迹的场所。杜甫草堂与原生态较好的浣花溪湿地公园融合在一起，在公园场景建设上突出了杜甫诗歌中的生态特色和文化特色。杜甫草堂内建设有杜甫的诗歌大道、诗歌文化墙、杜甫在成都生活的草堂遗址以及浣花溪湿地，让人们身临其境地感悟到成都公园城市生态与文化融合发展的独特魅力。除此之外，成都还建设了各种新兴主题文化公园，比如，成都将各个历史时期，特别是新中国成立之初，加快"三线建设"时期建设的各种工厂遗址聚合起来，形成了成都市老工业发展博物馆、成都工业文化总部经济基地、成都东郊记忆国际文化交流中心等工业文化博物馆，通过展示火车头、铁轨、厂房、车间等老工业文化元素，在原有的老工业遗址的基础上，进行工业文化挖掘提炼，形成了成都公园城市多样化的文化表达形式。

此外，成都非物质文化遗产也是彰显成都美丽宜居公园城市文化价值的重要方面。成都针对当地非物质文化遗产保护状况不平衡、存续力不充足的特点，重点推进以提升非物质文化遗产存续力的公园城市为主的文化建设路径，从整体出发实现"存"与"续"相互融合，使非物质文化遗产在公园城市过程中实现生活化彰显。从非物质文化遗产整体发展背景看，非物质文化遗产是不同地域的群体及个人在自然、历史条件下，与周围环境不断互动而创造的无形财富。非物质文化遗产主要包括口头传统、表演艺术、社会实践等实践活动。这些实践活动不同于物质文化遗产，其技能性和艺术性需要经世代传承才能被保留，进而被赋予新的生命力。非物质文化遗产的存续力是指能够让非物质文化遗产存在并延续下去的能力，其有赖于各地政府对非物质文化遗产的重视，相关部门对非物质文化遗产的保护和对传承人的培养。经济全球化给予世界文明交流碰撞的机会，非物质文化遗产的创造性、多样性得到了充分的展现，非物质文化遗产在新的时代精神引领下，在高科技护航下，其存续力得到了显著提升。由于非物质文化遗产的联系性、整体性，世界文明的交流互鉴不可避免地造成了部分本就处于弱势或边缘地位的非物质文化遗产的破坏，直至消失。成都在协同推进城市非物质文化遗产建设与公园城市建设的实践中，主要从城市非物质文化遗产保护与公园城市文化的"存"与"续"方面考量。目前，成都非物质文化遗产保护工作的"存"侧重于对非物质文化遗产实物、资料进行确认、收集、整理，大多强调非物质文化遗产保护的一些共性问题。比如，现实中，人们对非物质文化遗产的载体进行物理保存，"束之高阁"。但非物质文化遗产保护工作的"续"却相对乏力，相对表面，难以真正用于指导实践，总体看来，成都更是缺乏整体保护意识，缺乏对增强非物质文化遗产传承能力、培养传承主体、营造传承环境等一系列问题的深入分析。比如，如何拉近非物质文化遗产与人民群众的生活和认知的距离，如何避免非物质文化遗产开发停留在表面化、形式化，如何杜绝将非物质文化遗产作为敛财工具的现象发生，等等。如果无法坚持对"存"与"续"同时提出要求的原则，设计既立足于当下、又能衔接未来的保护方案，则难以从实质上提升非物质文化遗产存续力，也无法突破现有非物质文化遗产保护工作的瓶颈。由此看来，保护城市非物质文化遗产是成都在公园城市建设中，提升文化自信的重要方面。

保护城市非物质文化遗产的具体做法有：一是从整体角度出发，落脚在"续"。非物质文化遗产的整体性保护是其存续力维持和发展的关键，要统筹经济开发与文化发展，因为只有具备生命力的非物质文化遗产才能不断创造社会价值和经济价值，而不是被无序开发、破坏殆尽。存续力的源泉在于生活之"用"，要真正拉近人民群众与非物质文化遗产的关系，增强认同感、归属感、获得感、荣誉感，在"用"中发挥非物质文化遗产真正的价值。二是善用法律途径。通过分析非物质文化遗产相关法律保护现状、厘清关键性问题，有针对性地构建权利救济制度来达到目的。三是构建数字化通道。通过建立精准档案库、培养专业人才、发展文化产业、依托高校培养等方式加大对非物质文化遗产的保护力度。要建设专业数据库、文化品牌网站，有效利用传媒宣传、普及保护非物质文化遗产的意义。目前，成都在城市非物质文化遗产数字化保护方面已有一定建树，特别是采用了恰当的数字化保护手段、生产性保护途径，取得了良好的社会反响。四是要结合文化产业。成都城市非物质文化遗产资源丰富，应该深入挖掘地域文化、公园城市文化，以恰当的形式促进文旅融合，提高非物质文化遗产旅游的品质，综合提升旅游软实力，在"以文化带旅游、以旅游促文化"的良性互动中彰显公园城市文化发展的独特价值。例如，通过建立影视基地，打造文化小镇，研发系列文旅产品等形式加大对成都非物质文化遗产的宣传和保护。五是重视传承主体。现有的非遗传承人主要是以非遗项目代表性传承人为龙头，要力争加强社会面参与，组建辐射面更广的传承人队伍，提高综合实力。总体看来，成都非遗资源虽然丰富，但同样也很脆弱，有着地域性、民族性、分散性、流变性、脆弱性的特征，面临着资金、人才、机制等方面的困境，尤其是非遗保护与传承的可持续不强，存续力较低，造血能力不强，难以实现自主传承发展。成都需要顺应时代发展，走非物质文化遗产存续力整体提升的实践之路。从非物质文化遗产保护的主体来看，目前已经有了传承人认定制度，随着非物质文化遗产保护基地和研习所的相继建立，非物质文化遗产传承人的培养体系逐渐系统化，具备了一定的社会影响力，能够引导社会大众参与其中。但是，现有的传承人培养体系并不完善，主要依附于非物质文化遗产项目立项而存在，社区、社会团体以及个人还未能完全参与进来，一些知名度不高、濒临失传的技艺很有可能因为资金、技术、政策等无法及时跟进而失传。

针对城市非物质文化遗产的"存"与"续"传承发展的困境，成都在推进公园城市建设中，主要从以下方面处理城市非物质文化遗产的"存""续"发展关系，以彰显公园城市建设的文化价值。一是整体规划、提升非物质文化遗产存续力。提升非物质文化遗产的存续力的关键在于"存"与"续"相互融合。目前，成都在"存"上下大功夫，编制完成相关规划和办法，初步建立管理体系及运行机制和非遗保护传承机制，做好"存"中有"续"，"续"上保"存"。除了整体着眼，成都更要在"续"上花费心力，做到系统规划，使非物质文化遗产传承机制稳定，做到非物质文化遗产传承后继有人。要激发传承人主体意识，增强资金投入，多点打造非物质文化遗产传承所，产学研形成链接，加强研修研习培训，使非物质文化遗产传承有固定的场所、人员，机制运转流畅。也要培养一批专业的文化生态保护实验区非物质文化遗产项目保护人才，设立传承专项资金，对各级代表性传承人给予政策和资金扶持、非遗知识培训，使他们在非遗保护中始终具有带头作用。还要立体宣传非物质文化遗产，开设一批相关课程，激发大众能量。二是产业融合，打造活力城市非遗，打造文旅融合新样本，推进文旅深度融合。要想树立非遗品牌，首先，要培育一批"非遗+旅游"项目，打造一批国内外知名的城市非遗产品。这就需要在非遗保护传承的基础上，深度挖掘公园城市文化内涵和当代价值。要加大城市非物质文化遗产与生产生活的融合，对于能够开展传统工艺保护的非遗项目，建设传统手工艺生产基地，扶持一批生产性保护单位、传统工艺振兴项目，带动就业，培育一批具有独立知识产权的非遗企业品牌，精准助力区域内人群增收致富。其次，在推进全域旅游发展中，注重文化沉淀和文化植入，将群众的生产生活真实形态生动直观地展示给游客，促进文化的保护和认同。三是运用科技打造智慧非遗。要利用数字保护新途径，发挥新媒体全平台作用，加快完善非遗数据库建设。建立一批城市非遗展示馆，扩大传习场所的规模，加强文化生态保护区文化基础设施建设，要让科技有温度，让城市非物质文化遗产真正深入人心。四是全民参与打造活态城市非遗。全民参与城市非遗传承活动具有巨大的发展潜力，只有在全民参与、全民保护、全民传承的过程中提升存续力，城市非遗才能成为与人民息息相关，展现国家发展成果，展示人民生活面貌，体现共呼吸、同命运的文化。城市非遗存续力提升的出发点在于拓宽城市非遗生命力，关键在于用，落脚点在人。城市非遗不应束之高阁，只有真正发动人民群众参与城市非遗传承系列活动，为城市非遗存续力提升供给源源不断的生活灵感，城市非遗才会在实践之中发挥出真正的生命力。要深化扶持机制、引导社会力量全面推动城市非遗发展。这就要求城市非遗保护工作要走进大众视野，贴近群众生产生活，让城市非物质文化遗产在无形中感染人民群众，成为人民群众喜闻乐见的文化，增强人民群众的归属感和荣誉感，从"陌生人"走向"旁观者"，再进一步转变为"参与者""领军人"，充分发扬群众智慧，使非物质文化遗产真正做到后继有人。只有这样，才能实现"存"与"续"的融合。

成都公园城市的文化价值塑造，也是一个不断完善和发展的过程。尽管成都在建设美丽宜居公园城市的进程中，已经十分注重对公园城市文化内涵的挖掘，特别是不同形式和不同内涵的文化元素与公园城市场景的融合发展，但是，在彰显公园城市文化价值的实践中，成都还是要把公园城市文化建设的内涵、特征、功能等维度与公园城市文化价值彰显的载体、形式、影响等充分融合起来，使得公园城市文化价值更能够展现成都美丽宜居公园城市建设实践的精神魅力和成都美丽宜居公园城市本身的文化特质。这就是一个不断构建和不断探索完善的实践过程。从成都当前的文化价值建构与彰显路径看，成都公园城市文化价值更加注重从文化的历史维度、生态维度、生活维度、产业维度等方面进行整体性、系统性融合推进，而没有单一地、机械地就某个维度进行深挖或者独特打造，这样的一种实践态度，更多的是建立在人的复杂性和人类社会的统一性基础之上的。本来，人的追求和需求就是综合性的和整体性的，并不是某一种方面的单一需求和单一形式的需要。同时，成都彰显公园城市文化，还在创新性与智慧性方面发力。比如，成都在推进老旧小区公园改造和建设的过程中，就需要对原有的小区长期形成的文化进行专业性、艺术性以及创新性的加工，加工打造的本质并不是让原有的文化符号或者文化形态消失，而是让原有的文化形态或者文化符号，能够通过现代的科技手段、创新形式，更好地将成都本地的大熊猫文化、三国文化、川菜文化、火锅文化、川剧变脸文化、历史名人文化等特色文化反映出来，使其传承发展更有温度，更有时代气息，而不是成为遗产或者遗址，进入博物馆保存起来。只有将文化与人们的生产、生活、生存融合起来，文化才能够成为活的文化，文化公园才能真正意义上成为属于人民的公园，公园城市也才能成为人民城市，城市的生命力源自城市文化的活力和魅力，城市文化的吸引力和城市文化的创造力就是城市文化发展和城市文化价值表达与彰显最核心的要素。因此，成都公园城市的文化价值彰显过程，实质就是成都人民建设公园城市的文化表达、文化创造、文化赓续的有机统一过程。

5.3 经济价值

经济价值是现代化城市建设的基石,是人民群众在公园城市建设中创造的物质财富的重要体现。成都推进全面践行新发展理念的公园城市示范区建设,坚持全力以赴拼经济,推进公园城市产业体系构建,聚焦产业、载体、配套、运营、机制"五大要素联动",打造公园城市产业链、创新链、供应链、产品链、生态链等,增强产业生态集聚力、产业链建构力、高端要素运筹力,高效推动产业建圈强链,为美丽宜居公园城市建设提供强大的发展动能。成都美丽宜居公园城市的经济价值选择,就是成都人民群众在建设公园城市的过程中,不断创造公园城市物质财富,夯实公园城市建设的物质基础,推动公园城市与全国一起迈向共同富裕,全面建设社会主义现代化国家的实践活动。

成都美丽宜居公园城市建设的经济价值,不仅仅是成都市主城区,或者成都市辖区内各个区(市、县)的中心区域的经济发展情况的体现,更是包含着成都市辖区内各个村(社区)在内的整个成都市的经济发展情况的表达。发展农村村级集体经济是成都开展公园城市经济建设的有力保障,也是落地产业发展政策的有效手段和增加人民群众收入的重要途径。长期以来,各地的村级集体经济发展普遍存在模仿与创新、公平与效率、短期与长期、先发与后劲、发展与生态五大主要矛盾。为了推动村级集体经济与地方实际相结合、与群众生产生活相结合、与生态本底相结合、与现代科技相结合,充分发挥农村村级集体经济在公园城市建设中的重要作用,党的十九大报告明确提出,必须深化农村地区的集体产权制度改革,推动农村地区的集体资产清产核资、成员身份认证、集体经营性资产股份改革,壮大集体经济,推动农民脱贫致富[①]。纵观全国百强村的村级集体经济发展情况,一个共同的特征就是它们的村级集体经济相当发达。可见,发展村级集体经济,需要在成渝地区双城经济圈战略的引领下,破解或者消解模仿与创新之间的矛盾,产业趋同倾向严重造成的公平与效率之

---

① 习近平. 决胜全面建成小康社会 夺取新时代中国特色社会主义伟大胜利 [N]. 人民日报, 2017-10-27 (01).

间的矛盾，利益联结机制匮乏造成的短期与长期之间的矛盾，风险抵抗机制不足造成的先发与后劲之间的矛盾，科学技术投入短缺造成的发展与生态之间的矛盾。崇州市在推进乡村治理现代化的过程中，形成了以培训教育、会务参观、民宿经济、高端餐饮为一体的新型乡村业态，成为推动成都美丽宜居公园城市建设和市域社会治理现代化的强大引擎和重要支撑。崇州市优化集体经济发展要素，助力公园城市经济发展实力的做法主要分为以下几个方面。

第一，从政治要素驱动看，农村村级集体经济组织是发挥农村党组织领导力的重要抓手。以基层党组织为代表的领导力量是带领农民致富的主心骨。村级集体经济作为汇聚民心的重要抓手，能够充分发挥农村基层党组织的领导力，为农民增收提供重要保障。农村村级集体经济组织是发挥农村党组织组织力的有效载体。改善农村基础设施、生活环境、生存状态一直是农民增收的重要前提，但仅仅依靠政府的"输血"是不可持续也不现实的，必须通过村级集体经济组织，在农村基层党组织不断推进土地使用制度改革创新的前提下，形成粮食生产、保障农产品产业链，才能持续推动村级集体经济收入提升。

第二，从产业要素驱动看，产业是农村地区实现精准致富的主要手段，农村村级集体经济是产业发展的重要途径。找准发展集体经济的关键点，做强做大农村村级集体经济，才能发挥党组织的组织力、落地产业项目的数量与质量。产业项目的落实需要相应载体进行承接引导，而农村村级集体经济的发展壮大为产业项目的落地生根提供了新的实施路径。只有发展壮大集体经济，才能够确保扶贫产业项目的发展资金充足，才能够充分带领农民创业就业。崇州市通过发展农村村级集体经济，通过规模化、产业化、现代化的发展模式，让人民群众参与产业运行和新农村建设，构建起"党支部+企业+农户"的新型模式。

第三，从市场要素驱动看，农村村级集体经济的发展有利于应对市场竞争。农村不同地区的不同条件决定了其适合的道路有所不同，曾经一些地方政府未经实地调研盲目拍板决策，未充分尊重市场规律，未精准协调不同区域间的实际情况配合区域产业协同发展，爆发式、密集化、趋同化的恶性竞争现象严重。农村村级集体经济的生产规划不仅要考虑生产什么，考虑如何销售，还要充分考虑销售的风险性和可能性，实现产品服务销售的精准化，推进产销一体化，规避产品服务滞留风险，减少存储成本，实现产销良性循环。基于上述村级集体经济发展情况，崇州市针对村级集体经济发展进行了以下几个方面的推进。一是加强党建引领，助推五星村级集体经济转型升级。集体经济发展离不开产业支撑，五星村提出要做到"两精准"，将外地参观学习转化为培训经济、会务经济、民宿经济，组建崇州市农村党员教育学院和城乡发展研究院承接来自全国各地的干部党员培训，打造了全国各地基层干部培训的共享平台。二是建设美丽新村，夯实乡村治理现代化的物质基础。房子太旧，桤木河太臭，田间沟渠和道路太差是群众最糟心的事。五星村顺势而为，用旅游景区的标准规划建设新村，把最差的痛点变成最美的亮点。建设美丽新村，五星村组建星达土地股份合作社，新村按照旅游小村标准规划建设，做到形态美、环境好、配套齐，为发展新业态打下基础。建设湿地公园，五星村采取公共标准+空间经营+区域共享模式，引进本土企业建设沿河绿道，实现天蓝、水清、地绿，呈现出一幅优美的水韵田园画卷，成为成都以西近在咫尺的绿肺。三是凝聚乡村治理现代化的推进合力。产品变礼品，让农业强起来。农村村级集体经济的发展壮大，离不开农民的广泛参与。五星村坚持党建引领与农民参与相结合，全程参与集体经济发展的重大决策、利益分配等，坚持民主化讨论，征求村民对集体经济发展的意见。五星村以原集体经济组织为单位，在土地等生产资料集体所有基础上，把集体经济的部分或者全部财产，以折股量化的形式分给每个成员，按股分红[1]，为推进成都市域治理现代化提供了群众参与的有效实践，大力发展乡村旅游产业，形成集体经济与乡村产业共生共荣、互为支撑的良好态势[2]。四是营造乡村治理现代化的良好氛围。五星村引领群众参与平台，在市场看好的情况下，成立新村旅游合作社，鼓励群众盘活闲置房屋，确保服务质量，发展一系列特色餐饮、闲来民宿、丰谷文创工坊等乡村旅游经营主体，户均增收近万元；以配套公共服务和社会管理为保障，实现城乡公共服务和社会管理接轨；以群众需求为引领，培育社会协商服务、社工服务等社会组织，发动群众共同参与村（社区）事务，形成新村治理机制。五是合理规

---

　① 杜园园. 社会经济：发展农村新集体经济的可能路径：兼论珠江三角洲地区的农村股份合作经济 [J]. 南京农业大学学报（社会科学版），2019（2）：35-38.

　② 梁春雨. 发展旅游产业 助力乡村振兴：以此视角见证九台农村七十年经济成就 [J]. 中国管理信息化，2020（2）：47-49.

划布局，描绘乡村治理现代化的发展愿景。规划布局与五星特色相结合，打造优势亮点，五星村级集体经济发展按照产业融合理念，依据自身实际做好规划，展现五星特色，打造优势亮点，抓住公园城市的乡村表达吸引大量社会关注的历史机遇，抓住打造天府国际慢城的时机，积极总结贫困村向幸福村华丽蜕变的经验，通过文旅管家对五星村进行招商运营，吸引了大量前来参加培训、来乡村旅游的人的眼球，完善了五星"泛培训"产业链和合作社、企业、居民三方利益连接机制。改革创新与时代需求相结合，引领乡村时尚，助力公园城市整体经济高质量发展。

成都美丽宜居公园城市的经济价值，还体现为成都在推进公园城市建设中，对原有经济政策的优化，对原有产业结构的调整，对原有经济发展动能的增强等方面。一是加大科技创新力度，增加科技在推动经济发展中的贡献比重。比如，成都市坚持发展电子信息、生物制药、新兴能源、工业制造等方面的产业，加大整合各个高校、科研院所以及成都市内外科技研发团队的力量，开展川藏铁路、国际医疗等重大项目联合攻关。二是实施产业建圈强链工程，增强产业发展的竞争实力。比如，成都市通过优化土地、人才、教育、能源、资金等要素资源配置，发挥各大创新平台、交易平台、研发平台等平台机构的带动作用，加强成都市内外企业的协作，提升政府服务各类企业发展的质量和水平，为美丽宜居公园城市建设奠定了良好的经济基础。三是围绕5G等新型技术发展，加快提升生产性服务业助力公园城市建设的效能。比如，成都市按照公园城市示范区建设的有关规定，深化供给侧结构性改革，发挥互联网、新媒体、新平台等新业态作用，拓展企业内部各系统的协同作用，发挥天府国际机场和双流国际机场以及高速铁路等现代公共交通运输功能，加快各企业在物流、开发、运输、贸易等多个领域的协作效能，为各个市场发展主体助力美丽宜居公园城市建设，创造良好的政策环境和高效的服务条件。

5.4 生态价值

生态价值是公园城市建设的现代化特质，是正确处理人与自然和谐共生发展关系的实践导向，是人民群众对城市生态产品和生态环境的需求被满足程度的评判标准。美丽宜居公园城市的特征是良好的生态环境和人与自然和谐共生的发展状态，其协调处理人民群众在公园城市生产、生活、生存、生态的基本关系，既具有现代化城市发展的生态资源，又能突出地转化为现代化城市发展的生态价值，是对"绿色青山就是金山银山"辩证思想的生动实践。成都美丽宜居公园城市生态价值的选择，就是成都人民群众建设生态优先、绿色发展的公园城市，不断优化、绿化、美化成都城乡生活、生产、生存空间，推动良好的城市生态产品实现生态价值转化，满足人民群众对美好公园城市生产、生活、生存向往的实践活动。

成都美丽宜居公园城市建设的生动实践，就是中国式现代化城市发展彰显城市生态价值的缩影。党中央赋予成都建设全面践行新发展理念的公园城市示范区的重任，就是要求成都在破解现代城市发展的难题与困境之中，探索处理人与自然和谐共生发展的中国式现代化城市发展道路。龙泉山城市森林公园加快建设，成都大熊猫繁育研究基地扩建区开园运营，环城生态公园、锦江公园全线贯通，天府绿道建成 5 188 千米，森林覆盖率提升至 40.3%，9 个区（市、县）创建为国家生态文明建设示范区，都是成都建设美丽宜居公园城市的生动实践。简阳市在推进公园城市乡村表达实践中，有效创新农村生态产品价值转化，助推公园城市建设生态价值彰显，取得一定成效。简阳市在推进生态产业发展的过程中，特别注重通过统筹各项政策和整合村级生态产业发展的各种资源，突出村级生态产业发展的质量，聚焦集体经济试点改革、生态产业结构调整、品牌创造以及流程再造等发展举措，有效破解了超大城市推进生态产品价值转化普遍面临的困境①。这些困境主要表现为：第一，"绿水青山就是金山银山"的理念还需要进一步贯彻落实。"绿水青山就是金山银山"理念是习近平总书记最先在 2005 年浙江安吉余村考察时提出的，现已成为全党全国推动村级生态产业发展的共识和价值要求。这一理念精辟阐释了经济和生态发展的辩证关系，生动揭示了保护村级产业发展的生态环境，就是增强产业发展驱动力；注重村级产业发展的生态性，就是增强产业发展竞争力的道理。简阳市村级生态产业的高质量发展，还需要进一步贯彻好"绿水青山就是金山银山"的理念，运用好"绿水青山就是金山银山"的辩证思维，把村级产业发展的"绿水青山"转化成村民手中的"金山银山"，探索村级生态产业发展和村民增收的多维理路，建成青山常在、绿水长流、产业畅优的

---

① 郝儒杰，蒋柯秋，许敏，等. 从简阳实践看村级生态产业发展 [J]. 当代县域经济，2021 (6)：53-55.

美丽乡村①。第二，村级生态产业发展的各项环节还需要进一步突出生态特征。村级产业发展，特别是村级集体产业的发展是建设美丽乡村的前提和基础，也是巩固和拓展脱贫攻坚成果同乡村振兴有效衔接的关键。村级产业发展不好，村民的钱袋子就鼓不起来，乡村振兴就成为一句空话。村级产业发展好了，村民的钱袋子才会鼓起来，村民的幸福生活才会成为可能。村级产业发展了，生态环境破坏了，或者村容村貌污染了，乡村振兴都无法实现，乡村也就不美了。所以，在推进村级生态产业发展的过程中，不能只用产业发展的思维和观念来发展村级产业，而是要更加注重生态，注重产业发展各个环节、领域、部分的生态性，更加突出村级产业发展的生态功能，不走单纯强调产业发展、片面注重经济效益的老路，要走村级生态产业真正造福村民幸福生活，建设美丽新村，乡村全面振兴的高质量发展之路。这在经济增速放缓，人口红利逐渐减退，资源与环境约束问题矛盾日益突出的当下，尤为重要②。第三，村级生态产业发展还需要进一步增强系统观念和整体思维。村级生态产业发展，是破解城乡收入差距、城乡发展不平衡，推动乡村全面振兴的关键。推进村级生态发展，不能仅仅强调产业发展生态化或者是生态发展产业化，而要把整个村级生态产业发展作为一个整体，系统把握生态产业发展的各个环节、各个相关要素，让生态和产业在良性互动发展中，行稳致远。简阳市村级生态产业发展，需要系统把握产业发展的各个环节，更加注重产业发展的整体性、关联性和生态性，更加重视生态发展的经济性、文化性、共享性。

针对上述问题及其表现，简阳市的生态产品价值转化具体做法有：一是推进村级集体经济试点改革，激发生态产业发展的内生动力。简阳市全面推进农村村级集体经济"四合一"改革试点，加强资源整合，拓宽增收渠道，调整村级生态产业发展路径，发展特色休闲旅游等实体经济，整合集体资金，优化产业布局，通过入股或者参股农业产业化龙头企业、承担政府购买的公益性服务等多种形式拓宽集体经济发展路径，探索形成"3+N"创收模式。2020年，简阳市村级集体经济实现收入800余万元，村民人均可支配收入达到3.2万元，集体经济分红达1200元/人。二是拓展村民的生产经营路径，提高生态产业发展的运营能力。简阳市各村"两委"组织

---

① 郝儒杰，蒋柯秋，许敏，等. 从简阳实践看村级生态产业发展 [J]. 当代县域经济，2021 (6)：53-55.

② 同①.

村干部与村民外出考察学习，总结经验，吸收借鉴先进经验，开拓发展视野，提升村民生产经营业务水平，创新结对合作模式，增强村级生态产业经营主体抗风险能力，有效整合村级土地资源、集体经营性资产、产业发展基金，使集体经济发展规范化。2020年3月，尤安村级集体经济总资产达6 000余万元，其中固定资产4 800余万元，现金存款1 100余万元。三是优化村级生态产业发展结构，提高生态产业竞争实力。加强党组织对村级生态产业的领导，调整村级生态产业结构，优化村级生态产业管理机制，创建"无公害""天然"等生态品牌建设，积极主动引进产业生产先进技术，探索村级生态产业发展模式，增强生态产业的发展潜力，在乡村振兴的道路上走出了一条属于自己的一三产业融合发展之路。

由此可见，推进生态产品价值转化，需要进一步从公园城市乡村表达，充分彰显生态价值的路径上进行探索[1]。为此，第一，要加强党组织对村级生态产业发展的领导力。各基层党组织要科学规划村级生态产业的发展，树立规划先行的理念，科学整合村级生态产业发展的各种要素、资源，为村级生态产业高质量发展搭建应有的平台；要进一步突出村级产业发展的生态思维，选优选好发展的带头人，带动培养发展的新农人，精准选择发展的开路人，积极探索新时代村级生态产业的高质量发展之路[2]。第二，要强化村级生态产业发展的要素保障。成都要加大相关职能部门的资源统筹力度，协调各项有利于村级生态产业发展的政策、资金流向农村。要优化村级生态产业发展的人才政策，引进和吸收一批生态产业发展的能人能手，培育和选拔一批生态产业发展的新人，确保村级生态产业发展后继有人、常有新人。成都要积极争取各金融机构支持村级生态产业发展，切实增强生态产业的发展后劲[3]。第三，要提升利用科技增强生态产业发展动力。成都要严把村级产业发展的生态质量关，不断淘汰落后产能，利用科技成果，打造村级生态产业发展的新业态、新模式、新平台、新渠道、新品牌。要增强发展的生态科技产业，持续推进乡村环境整治，带动环保产业的发展。成都要坚持将生态环境作为考核村级生态产业发展

---

[1] 郝儒杰，蒋柯秋，许敏，等. 从简阳实践看村级生态产业发展 [J]. 当代县域经济，2021（6）：53-55.

[2] 同[1].

[3] 同[1].

的重要指标，实现生态产业发展富民惠民①。第四，要增强城乡生态产业发展的联动能力。成都要大力开发乡村生态产业发展的多元化业态，科学优化生态产业发展的旅游功能、休闲功能、娱乐功能和学习功能。成都要吸收城市生态产业发展的合理要素，着力提升村级生态产业的文化内涵，加快促进乡村优秀传统文化融入村级生态产业发展，实现吃、住、玩、行、学、商、业高质量协同发展。成都要加快推进村级生态文明建设，着力打造绿色宜居、宜业、宜商、宜学、美丽的生态乡村，探索由绿水青山向金山银山转化的生态产业渠道，实现生态产业化和产业生态化的有效互动，努力发展村级生态产品。成都要推行村民的生态消费理念，提升村民的生态保护意识，打造特色生态乡村旅游名片，使生态消费的生产生活氛围更加友好②。第五，要树立系统观念和整体思维。成都要始终从系统角度加强对村级生态产业高质量发展各要素、功能、水平的顶层设计，切实增强社会各界关注乡村生态产业发展，积极参与乡村生态产业发展实践的能力。成都要始终从整体上系统推进村级生态产业的发展，在产业发展、结构调整、产品设计、品牌创造、人才培养等各要素环境中，植入生态理念、文化元素、乡村特色，不断增强村级生态产业高质量发展的可持续性③。因此，全面推进乡村振兴，不能只是就乡村来振兴乡村，而是城乡融合下的乡村振兴，失去了城乡融合互动，乡村振兴也就失去了全面振兴的意义。简阳市村级生态产业发展，不能理解为全面否定原有的产业结构、发展模式、产业形态、产业基础，认为一切都要重构、重建，而要注重产业发展的继承性和生态性。过去，简阳市在推进村级生态产业发展过程中，逐渐改变了原来的面貌，各个领域都发生了变化。要注重对城市生态产业发展经验的借鉴，促进生态产业发展的各要素在城乡融合发展中有效流动，这已经成为公园城市生态价值转化的重要实践④。

公园城市生态价值的实现在于生态价值的高质量转化。成都美丽宜居公园城市建设把绿化、美化城市生态环境放在重要位置，把人民群众在城

---

① 郝儒杰，蒋柯秋，许敏，等. 从简阳实践看村级生态产业发展 [J]. 当代县域经济，2021 (6)：53-55.

② 同①.

③ 同①.

④ 同①.

市生活生产生存的生态价值考虑进去，以长远战略谋划城市格局，让生态、美丽、宜居成为公园城市最亮的底色。成都组建"市—区（市、县）"生态环境局等城市生态环境治理的组织机构，加大生态环境改善力度，加强大气环境监测，突出绿色低碳，压减燃煤、治污减排、控车减油、清洁降尘、综合执法、科技治霾等生态环境治理行动，将"双碳"目标纳入成都市辖的区（市、县）的年度目标考核，实施《成都市川西林盘保护修复利用规划（2018—2035）》《成都市川西林盘保护利用建设技术导则》，以公园城市的生态价值转化，探索推进公园城市乡村表达的新路径，蒲江、温江、金堂等区（县）成功创建国家生态示范县，"餐饮门店清洁能源改造"入选联合国教科文组织推广案例，成都美丽宜居的公园城市愿景正在形成。由此可见，成都美丽宜居公园城市是在坚持以人为核心，以满足人民群众对美好生活向往的需求为目标的基础上，着力改善城市生态环境，破解人的无限性需求与生态自然的有限性承受力之间的矛盾与困惑，实现对中国式现代化城市发展的成功探索。

成都美丽宜居公园城市生态价值的选择动力，源自公园城市生态价值实现形式的不同表达，实质就是公园城市建设各要素主体的生态价值实现及其转化的作用机制，是一种新型的城市现代化发展模式探索。从整体上讲，公园城市成为各个系统要素交换的市场，交换的实现过程，就是生态产品价值的转化实现过程。在此过程中，生态价值转化的主体是人，转化的客体是人民群众所创造的形式多样的生态产品，包括清洁的水源、整洁的环境、优美的城市景观以及舒适的人居环境等，公园城市则成为生态产品转化或者各要素主体产品的生态价值实现的公共空间。但是，各要素主体在推动生态价值转化的过程中，面临着不同转化目标，以及价值导向的异质性，导致了生态价值转化或者实现的过程并不是整齐划一的，而是复杂多变、充满着不确定性的。因此，就需要政府在公园城市的建设过程中，不断调整各种规则，以规范生态价值转化的实现形式，引导各主体树立山水河田湖草沙的生态系统观，人与自然和谐共生的生态发展观，"生态兴则文明兴"的生态文明观，不断探索美丽宜居公园城市对满足人民群众美好生活需要的生态功能。

展望未来，成都依托"两山""两水"生态骨架，开展"五绿润城""天府蓝网"行动，建设以"锦城绿环"和"锦江绿轴"为主体的城市绿道体系，实施生态蓝网示范工程……严格落实河（湖）长制、林长制……实施川西林盘保护修复、都江堰精华灌区现代化改造工程，构建以大熊猫国家公园成都片区为主体的自然保护地体系"①，以丰富成都公园城市美丽宜居生态价值的时代内涵和实践特色。

5.5 社会价值

社会价值是公园城市最本质的规定，社会是人发展的本质属性，公园城市是人活动的产物，是人民群众创造的城市形态。另外，公园城市也是社会发展的产物，是人类社会存续和发展的物质形态空间。成都美丽宜居公园城市的社会价值，是人民群众对美好公园城市生活向往的社会表达，具有客观的普遍性特征。公园城市建设，凝结着成都人民群众对美丽宜居生活、生存、生产的向往，这一向往的被满足程度是每个人及其形成的社会对公园城市建设的总体性评价，也是整个社会对成都美丽宜居公园城市建设的效果及质量的总体性认识。因此，成都美丽宜居公园城市的社会价值选择，就是成都人民群众及整个社会在推进公园城市建设中形成的一种反映公园城市建设的水平、效果及质量等方面认识情况的实践活动。

成都美丽宜居公园城市的社会价值，往往体现为公园城市建设的社会化服务功能，也可以理解为，成都各地以推进公园城市建设为契机，带动社会民生等领域事业的发展状况，为人民群众的生产、生活、生存条件改善取得的成果。简阳市推进公园城市乡村表达，社会民生服务事业等领域发生了明显的变化。据简阳市建设局相关同志介绍，简阳市改造老旧院落46 个 2 741 户、农村土坯房 20 359 户，整治背街小巷 222 条，实施棚户区改造 4 320 户，简阳市荣获"全国社会治理创新示范市"。简阳市农业农村局有关负责人表示，荷桥村全面推广农村村级集体经济"四合一"模式，荷桥村搭建起合作社等集体经济发展平台，通过推动适度规模化经营和农商文旅融合发展，实现了资源变资产、资金变股金、村民变股民的目标，增强了农村村级集体经济造血功能。可见，荷桥村的发展方式发生了根本

---

① 施小琳. 牢记嘱托 踔厉奋发全面建设践行新发展理念的公园城市示范区 [N]. 成都日报，2022-04-27（01）.

性改变，这些举措进一步激发市场主体活力，优化了农村资源配置，加快推进农业现代化和农民增收致富，有效拓展美丽宜居公园城市的社会价值表达路径，形成了以下几个鲜明特点。一是与生态价值相融合。简阳市充分依托丘陵区山形地势，注重保护林盘聚落、火连桥水库等资源，做好空间规划编制，筑牢发展生态本底。二是与生活价值相融合。简阳市打造"莲香水岸·梦栖荷桥"主题景区，开展整田、理水、秀山、护林、植业、绿道等项目，推进农商文旅融合发展。三是与经济价值相融合。简阳市建成蜜桃庄园、玫瑰庄园等，发展智慧农业，种植黄金柚、血橙、甜橙等。四是与文化价值相融合。简阳市挖掘优良家风、祠堂文化，提炼总结荷桥家风文化，引导群众感恩奋进。五是坚持强村带弱村。简阳市实施连片示范发展，组建荷桥、龙溪、黄岭三村联合党委，让村党支部真正成为公园城市建设的推动者。同时，简阳市优化民主决策和村民自治方式，通过村民议事会民主自治方式，实现群众的事"自己议、自己定"。另外，简阳市用活社会组织资源力量，开展走访慰问、关爱帮扶、结对联谊等活动，为实现美丽宜居公园城市建设汇聚了强大合力。

成都美丽宜居公园城市建设的社会价值选择，还体现在其推进社会服务供给和扩大社会生产，增加社会总体财富方面。比如，成都聚焦电子信息、装备制造、食品饮料、先进材料、能源化工和数字产业，围绕集成电路、5G 应用、人工智能、基因工程、生物医药等新兴产业，提升专业化、高端化服务水平，推进天府国际机场和双流国际机场一体运营，调动全市内外多个领域的市场资源，增加服务产品供给，加强基础学科研究，建设面向全球的数据平台，助力前沿科研成果就地转化，以产业链创新链生态链发展，实现产业生态圈、生活服务圈、创新业态圈、企业协作圈、区域辐射圈的协同发展。另外，成都还制定了《成都天府新区直管区加快推进医养结合发展实施方案》《关于加快发展保障性租赁住房的实施意见》《关于鼓励国有企业加快发展保障性租赁住房的实施方案》《成都市租赁住房规划设计技术导则（试行）》等系列文件，协调各方利益，为医养结合美丽宜居公园城市建设提供肥沃土壤。当前，成都"累计投入 9 100 亿元资金实施重大民生项目 649 个，新增学位 59.4 万个、医疗床位 2.6 万张、养老床位 1.4 万张，建成保障性住房 16.5 万平方米，累计新增城镇就业 133.5 万人……城乡居民人均可支配收入分别增长 46.6% 和 56.5%，连续 13 年位居"中国最具幸福感城市"榜首。"① 成都美丽宜居公园城市建设的社会价值正在彰显，社会各界对成都美丽宜居公园城市建设的期待，已经成为激励成都美丽宜居公园城市建设的精神动力。

---

① 施小琳. 牢记嘱托 踔厉奋发全面建设践行新发展理念的公园城市示范区 [N]. 成都日报，2022-04-27 (01).

6 创新实践

6.1 突出生态绿化

突出生态绿化是成都美丽宜居公园城市建设的首要抓手。公园城市建设集合了经济、政治、社会、文化、生态以及党的建设等领域的多个系统，是中国式现代化城市发展的重要探索。公园城市与以往城市在建设和发展理念上的不同，就是突出生态绿化。这里的生态绿化，不是某个方面的绿化，或者单个城市公园的绿化，也不是局部某个城市社区（村、组）人居环境空间的绿化，而是城市发展整体层面上的绿化。比如，在城市经济生活领域的生态绿化发展，体现为绿色产业、绿色经济、绿色产品、生态产品、生态价值转化等为公园城市建设提供雄厚物质基础的实践活动。在城市政治生活领域的生态绿化发展，体现为颁布、实施法律、法规、制度，保障生态绿化建设行动，为公园城市建设加强制度法治保障的实践活动。在城市社会生活领域的生态绿化，体现为绿色医疗、绿色教育、绿色生活习惯、绿色社会治理等为公园城市建设凝聚社会环境合力的实践活动。在城市文化生活领域的生态绿化发展，体现为绿色理念、以文润城、以文化人、生态文化、绿色文化、绿色机关、绿色知识普及、绿色人文、绿色教育等为公园城市建设注入强大精神动力支撑的实践活动。在城市生态生活领域的生态绿化发展，体现为绿水青山、植树造林、低碳生活、绿色空间、生态环境治理等为公园城市建设厚植良好生态底色和彰显美丽宜居特质的实践活动。由此可见，成都美丽宜居公园城市建设，坚持以习近平生态文明思想为指导，将生态绿色、生态文明、美丽宜居与人民群众对美好生活的向往有机结合在一起，丰富了破解以不平衡不充分为特征的新时代社会主义社会主要矛盾的实践路径，加深了对必须坚持人民至上、自信自立、守正创新、问题导向、系统观念、胸怀天下的习近平新时代中国特色社会主义思想的世界观与方法论的科学内涵的深刻把握，全面建设践行新发展理念的公园城市示范区，打造以山水林田湖草沙一体化生态系统构建的人与自然和谐共生共同体建设，构建公园城市的中国式现代化城市发展话题体系，具有很强的实践意义。

生态绿化，既体现成都美丽宜居公园城市的生态价值，又体现公园城市建设的实践特色。成都美丽宜居公园城市建设以厚植公园城市的生态底色，突出公园城市整体系统绿化，全面全要素系统增绿的实践活动展开。从公园城市建设生态绿化的实质上看，建设公园城市是一个多要素、层次化、全领域的动态复杂过程，并不仅仅停留在表面上，不是公园城市的外观、形态、色彩上的静态式场景展示，而是由内而外、立体多元的动态式场景呈现，以满足人民群众对绿色生态的美好公园城市生活向往为根本尺度。比如，都江堰市编制《生态文明建设规划（2019—2025年）》，依托原生的生态绿色自然环境风格，打造大熊猫主题公园、李冰纪念馆、灌区文化陈列馆、田园诗歌小镇、川西音乐林盘、安龙海棠花、天马玫瑰花、大观问花村、向峨彩叶林等生态绿色场景。龙泉驿区深入开展"互联网+全民义务植树"活动，为成都公园城市建设生态增绿。郫都区构建绿色生态网络，探索构建公园城市高质量建设和城乡融合多维度表达的新范式，实现城乡发展要素形态文化有机融合，营造城乡居民生产生活生态场景相构、城乡环境区位经济社会文化相融的复合系统。郫都区全面推行"两拆一增"，促进"两山"互动转换，建立以产业生态化和生态产业化为主体的生态经济体系，推进绿色生态价值转化，促进了新时代城市文明观、发展观、民生观、人文观、生态观等价值观的融合和发展，为成都城乡融合试验区建设提供理论支撑①。郫都区把握新发展阶段，坚持新发展理念，引领城乡发展要素形态文化有机融合，营造城乡居民生产生活生态场景相构，城乡环境、区位经济、社会文化相融的复合系统，探索了公园城市高质量建设和城乡融合多维度表达的新范式，特别是全面推行"两拆一增"②，构建绿色生态网络，推动城乡融合高质量发展，本身就是新时代公

---

① 郝儒杰，许敏，覃清蓉，等.公园城市乡村表达：现实审视与路径优化：基于郫都区构建绿色生态网络的实证研究［J］.长征学刊，2021（11）：102-108.

② "两拆一增"，指拆违建、拆围墙、增绿化。

园城市高质量建设多维价值意蕴在现代化城市发展进程中的融合同步和共生发展。同时，郫都区构建绿色生态网络，把美丽宜居公园城市作为建设全面体现新发展理念城市的重要组成部分，是"创新、协调、绿色、开放、共享"新发展理念在公园城市高质量建设进程中的全新表达。此外，郫都区推进"绿水青山就是金山银山"的双向互动转化，探索城乡产品绿色生态价值转化实现机制，使生态产业的发展必须在原有产业结构、发展模式、产业形态、产业基础的基础上，注重产业发展的继承性和生态性①，建立以绿色、生态、人文、便利为主要特征的现代城乡生态经济发展体系，实现人与自然和谐共生发展，有效提升了公园城市的乡村表达力。如何把建设美丽宜居公园城市的大文章做好？如何把城乡融合试验区高质量建设的道路走好？如何把公园城市乡村表达的实现机制完善好？郫都区突破体制机制障碍，创新构建绿色生态网络的探索实践，为社会各界的多维审视提供了窗口。

第一，从郫都区突出生态绿化的实际情况看。2019年国家有关部门审议通过《国家城乡融合发展试验区改革方案》，明确设立了11个国家城乡融合发展试验区（四川成都西部片区入选）。郫都区作为四川成都城乡融合发展试验区建设范围内8个区（市、县）之一，将全面推进"两拆一增"作为构建绿色生态网络的有效抓手。目前，郫都区已经成为成都高质量建设美丽宜居公园城市，探索绿色生态价值转换实践路径的新型样板。同时，郫都区将构建绿色生态网络，推动城乡融合发展作为贯彻落实"十四五"规划的重要内容。郫都区积极构建新型城乡关系，推动城乡融合发展②，创新土地承包权退出政策，优化配置土地资源，实现人口在城乡之间的双向流动③，缩小城乡基本公共服务差距，提升农村基层社区公共服务水平，打通阻碍供需资源平衡配置的关键节点④。实现农村地区公共服务优先安排的关键在于建立以服务为重心的体制，而体制越接近农村基

---

① 郝儒杰，蒋柯秋，许敏，等. 从简阳实践看村级生态产业发展 [J]. 当代县域经济，2021
（6）：53-55.
② 陈燕. 构建新型城乡关系 促进城乡融合发展 [J]. 唯实，2020（11）：62-65.
③ 祝天智. 城乡融合发展背景下土地承包权退出政策创新研究 [J]. 学海，2020（11）：20-25.
④ 陈沛然，汪娟娟. 城乡融合发展背景下新型农村社区公共服务能力提升路径研究：基于南京市江宁区的案例分析 [J]. 中州学刊，2020（12）：62-67.

层,其服务性就越强①。国家有关部门在《2021 年新型城镇化和城乡融合发展重点任务》中提出,未来我国城镇化将构建新的发展格局,深入实施以人为核心的新型城镇化战略,促进农业转移人口有序有效融入城市②。可见,人是城乡融合发展最具活力的因素,人的需求是城乡融合试验区建设的根本,人民日益增长的对绿色优美生态生活生产环境的需要自然成为成都美丽宜居公园城市高质量建设的根本方向。郫都区构建绿色生态网络的生动实践,为上述内容的客观运行提供了实践依据,进一步丰富了成都美丽宜居公园城市高质量建设的新时代内涵。

第二,从郫都区突出增绿的做法成效方面看。一是加强基础设施建设,使郫都城区更绿更快更美。郫都区聚焦现代化城市基础设施发展滞后、规划不够科学、整体建设水平不高的短板,统筹整合各种资源,凝聚多方力量,重点开展城市绿化、道路规划、院落改造、环境整治等工作,城区现代化水平整体提升。在城市绿化方面,郫都区高标准建成城市公园、生态湿地、小游园和微绿地 142 个③;在城市道路规划方面,郫都区建成城镇居民生活绿道 354 千米、居民生活绿地 248.59 万平方米,城市道路绿地达标率达 85.11%;在传统院落、棚户区、城中村的现代化改造方面,郫都区完成改造 151 个老旧院落、6 个棚户区、4 个城中村,建成蜀都万达、成都奥特莱斯等特色院落;在城市环境整治方面,郫都区出台“绿色发展 20 条”,关闭“散乱污”企业 1 849 家,基础设施提能增效,整体功能优化绿化,为建设现代化中心城区奠定根基。二是推进城乡融合发展,使政策平台产业绿色融合。郫都区在成都市建设城乡融合发展试验区的背景下,聚焦城乡融合发展在农商、文旅、生态、人才流动方面的短板,从政策机制融合、城乡平台融合、高标准农田建设、农产品生态价值转换、城乡基础设施融合、城乡生态环境整治等方面进行重点突破。其中,在政策机制融合方面,郫都区探索“政府主导、群众主体、社会参

---

① 李华胤. 公共服务优先安排视域下农村基层治理体制的重构路径 [J]. 中州学刊, 2020 (3): 92-99.

② 国家发展改革委. 国家发展改革委关于印发《2021 年新型城镇化和城乡融合发展重点任务》的通知 [EB/OL]. (2021-04-08) [2023-03-30]. http://www.gov.cn/zhengce/zhengceku/2021-04/13/content_5599332.htm.

③ 成都市郫都区委宣传部. 2020 年郫都区公园城市示范区建设成果感知行新闻发布会主持辞 [EB/OL]. (2020-04-22) [2023-03-30]. http://www.pidu.gov.cn/pidu/GYCSSFQJSCGGZX/2020-04/24/content_ef44b2745b9a47eea9344827a1d49fb4.shtml.

与"的共建共享模式，建成了"10+3"特色产业体系；在城乡产业平台融合发展方面，郫都区建成田园综合体 24 个，培育中国驰名商标等品牌商标184 个，获评全国农村创新创业典型区；在高标准农田建设方面，郫都区实施 4.99 万亩（1 亩≈667 平方米）高标准农田建设，绿色有机农业覆盖面达 67%；在农产品生态价值转化机制方面，郫都区建成乡村十八坊、四川郫都林盘农耕文化遗产等产业融合发展区；在城乡基础设施融合发展方面，郫都区建成乡村振兴示范环线 42 千米，获评全国首批"四好农村路"；在城乡生态环境整治方面，郫都区实施农村人居环境整治，创建三道堰旅游小镇、德源特色小镇、中国美丽休闲乡村战旗村、全国乡村振兴示范基地青杠树村，形成"大环套小环，环环是游线，处处有产业，步步有景观"的融合发展新格局①。三是全面推进"两拆一增"，城乡生态绿色表达示范。郫都区坚持新发展理念，聚焦城乡生态建设领域，全面推进"两拆一增"，取得显著成效。其中，在政策机制上推进"两拆一增"，郫都区主要领导高度重视，成立专门机构，"依法推进""就地平衡""挂图作战"，保证了按时按质完成阶段整治任务；在经验借鉴上推进"两拆一增"，郫都区积极吸取上海、北京等地"两拆一增"推进城乡融合的鲜活经验，深入辖区内所有乡镇（街道）进行调查研究，多层次多领域问政问计，制定实施了《"两拆一增"专项行动工作指导意见》；在项目建设上推进"两拆一增"，郫都区建成菁蓉湖、香草湖、两河湿地公园、清水河公园、两河绿道、沱江河绿道、栀木河绿道、锦江绿道，成灌高速城乡融合示范走廊、乡村振兴示范环线、德源种业硅谷、多利农庄、水隐桑田、韭黄基地、川菜体验馆、川菜产业园、成都川菜博物馆、鸟笼博物馆、天府蜀绣博物、天府农耕文化博物馆等公园城市示范区，建设观光旅游主题及点位。

第三，系统分析郫都区生态增绿实践。从优势方面看，郫都区构建绿色生态网络有着极强的政策优势、区位优势和自然生态文化优势。在政策优势方面，郫都区构建绿色生态网络是在党的十九大精神的指引下开始推进，并按照成都市公园城市建设规划进行推进，坚持以"控"定向、以"转"求变、以"融"破局，完成了"县"设"区"工作，为郫都区绿色

① 成都市郫都区委宣传部. 2020 年郫都区公园城市示范区建设成果感知行新闻发布会主持辞 [EB/OL]. (2020−04−20) [2023−03−30]. http://www.pidu.gov.cn/pidu/GYCSSFQJSCGGZX/2020−04/24/content_ef44b2745b9a47eea9344827a1d49fb4.shtml.

生态建设提供了政策依据；在区位优势方面，郫都区处于成都市西北部，是成都市建设国家级城乡融合发展试验区的重要组成部分，成灌高速贯穿全境，成为川西旅游环线的重要通道；在自然生态文化优势方面，郫都区境内有农业灌溉的重要基地、古蜀文化的源头、川西郫都林盘建设基地，农田水利基础较好，高等院校、科研院所云集，城乡发展差距较小，这些都为城乡融合发展，推进公园城市建设提供了重要的先天优势和发展基础。从劣势方面看，当前正处于百年未有之大变局的重大背景下，郫都区历史城区规划不够科学，老城区空间建设不优，外来人口众多，人才技术创新以及整体生态环境建设等领域还面临着来自资金、人才、技术、机制体制等方面的困境。这些问题和困境能否有效地得到破解和根治，直接决定着郫都区能否在"十四五"开局之年打赢污染防治攻坚战，能否高质量推动绿色发展。从机遇方面看，当前，成都国家城乡融合发展试验区建设动员会暨"西控"工作推进会和"十四五"高质量发展规划已经颁布，从中央到地方都对"十四五"规划进行了进一步细化和贯彻落实，相关的政策机制平台逐步构建成形。郫都区在立足新发展阶段、坚持新发展理念、构建新发展格局的过程中，以"十四五"规划的有力贯彻实施和成都建设国家级城乡融合试验区为契机，持续推动城乡融合的产业、机制、平台、人才、基础设施等要素禀赋实现绿色发展、转型发展、高质量发展，特别是郫都区制定实施"十四五"发展规划，提出了郫都区 2035 年发展目标建设，重点打造产城融合的产业功能区、具有吸引力的特色镇和魅力独特的川西林盘，形成"绿道蓝网、水城相融、清新明亮"的生态城市格局。同时，郫都区还在成都公园城市建设关于"西控"战略的引领下，全面落实控制生态红线，依法关停"散乱污"企业，开展"两拆一增"、改旧建新，推动待开发"三类地块"巧变美丽田园、"可食地景"，实施旧城改造、片区开发，优化城镇空间布局，加速培育城乡融合的主体，这些重要的举措都为郫都区构建绿色生态网络提供了重要的发展机遇。从威胁方面看，一个地区的发展离不开有利于内部外部各相关要素所依赖的客观环境，尤其是一个地区经济的发展，与周围相关要素发展的内部外部环境有着更加密切的联系。郫都区构建绿色生态网络，创新推进公园城市乡村表达的生动实践也是如此。从当前郫都区构建绿色生态网络所面临的内部因素威胁看，主要存在着威胁因素和威胁程度。

就内部威胁因素而言，郫都区面临深入开展"两拆一增"，探索推进城乡融合试验区建设，在城市增绿、人民增收、环境优美、服务城乡的公共服务产品、农产品生态价值转换实现形式，城乡人口双向自由流动，城乡市场体系融合，城乡土地资源自由流动以及破解传统城乡二元结构带来的各种体制机制方面的困境。同时，郫都区还面临来自老旧小区改造、棚户区改造以及外来流动人口的管理方面的困境。就内部威胁因素的影响程度而言，郫都区推进城乡融合试验区建设中的各种机制、政策、平台、市场、技术等要素融合互通的质量和效果，对郫都区构建绿色生态网络有着长远的影响，起着决定性的作用，是主要影响因素的主要方面。而郫都区通过"两拆一增"实践构建绿色生态网络的专项行动，则是近期的影响，眼前的影响，是破解绿色生态网络构建的第一步，起着关键性的作用。郫都区"两拆一增"是否顺利推进，直接决定着绿色生态网络构建能否提前实现。

就外部威胁因素而言，公共卫生环境等因素对"两拆一增"和城乡融合发展试验区建设有着直接性的挑战，另外还有社会治安、政策体系运行、城市文明程度等因素，这些因素都严重制约着产业发展、游客出游、绿色消费、文旅市场能否有序运行。就外部威胁因素影响程度而言，社会公共卫生因素的影响是暂时性的、短期性的和有限性的，而社会整体治安环境、整体体系运行效果、城市文明建设程度则是长远性的、长期性的和无限性的，可以直接决定当前"两拆一增"能否顺利开展，也可以决定城乡融合发展试验区建设能否有序推进。郫都区突出增绿的实践助力公园城市建设高质量发展的经验主要有：

第一，顶层设计，机制保障。以往的研究和探索"两拆一增"都是很直观地从其推进的总体历史背景出发，都是在原因与结果、做法与成效等方面寻找经验启示，从而得出相应的答案。而郫都区"两拆一增"构建绿色生态网络取得上述成效的首要经验在于郫都区"两拆一增"实践活动一开始就建立了一套领导机构，并经过省内外、市内外广泛深入的调查研究，同时，通过线上线下、问卷问计、网络咨询、现场座谈、个别访谈等形式，形成了与郫都区实际工作相呼应的制度体系，建立了协同推进机制，有效落实了多方联动、会审备案、监督检查等工作机制，形成了"市级统筹、部门协同、分级负责、齐抓共管"的工作格局。

第二，抢抓机遇，经验借鉴。科学理论是实践有序进行的先导，而一项社会性工程的顺利开展需要对先进经验和已有经验进行学习借鉴，这已经成为人们有效快速推进社会性工作的重要环节。郫都区系统谋划推进"两拆一增"工作，最先赴北京、上海以及省内的温江、邛崃等地学习借鉴其现有的做法经验，通过认真分析郫都区的"两拆一增"实际情况，聚焦推进中的要素状况和相关领域的发育水平进行研究，坚持"一张蓝图绘到底"，推进城乡生态文旅产业融合发展①。武侯区、新都区等针对违法建设拆除难题，采取疏堵结合、法规宣传、媒体造势、综合执法等手段，有效治理武侯区外滩一号、新都区静安小区等点位；龙泉驿区、温江区采取召开群众骨干会、居民议事会和群众代表大会，解决群众参与度不高的问题，这些成功案例启发了郫都区有关部分。郫都区有关部门进行"举一反三"，在多方施策和认真调查研究的基础上，找出郫都区"两拆一增"构建绿色生态网络的核心和关键在于"绿"和增"绿"；发现郫都区的典型性问题，具体表现为临时绿地管护难，推动城乡要素自由流动和优化配置难，发现实现人、地、房、钱、技融合发展难，实现城乡的有机融合难，这才是郫都区构建绿色生态网络的出发点。于是，郫都区寻找到了创新"共享田园"模式，搭建起人才下乡平台，引进乡村产业创意策划、旅游管理等专业人才成为新村民，促进城市人才有序下乡进村；通过进城购房奖励等，推进农业转移人口市民化②；采取转让、出租、抵押等方式，探索宅基地"三权分置"改革；注册乡村振兴公司（国有），建立供需无缝对接机制，实现企业、农产、集体三方共赢。另外，郫都区通过宅基地使用权、花卉苗木资产等抵押融资，建立健全农产资产评估、抵押担保机制。在深化校地企合作方面，郫都区破解了丹丹郫县豆瓣、川菜研发的科研成果转化问题。这些成功实践，都遵循着马克思主义认识论的发展规律，无限接近于城乡融合发展要素融合的必然逻辑。

第三，统筹推进，创新模式。郫都区"两拆一增"构建绿色生态网络，是一项包含着多种复杂要素，互联互通互动发展的系统性工程。这一系统工程包含着多个复杂的子系统，包括城乡要素双向流动系统、城乡产业融合子系统、城乡政策制度融合子系统、城乡平台融合子系统、城乡生态环境整治子系统、城乡社会治理子系统、城乡文化发展子系统、城乡空

---

① 郝儒杰，许敏，覃清蓉，等. 公园城市乡村表达：现实审视与路径优化：基于郫都区构建绿色生态网络的实证研究 [J]. 长征学刊，2021（11）：102-108.

② 成都郫都区. 城乡融合探新路 起好示范再出发 [EB/OL].（2020-07-14）[2023-03-30]. http://www.nbd.com.cn/articles/2020-07-13/1458670.html.

间融合子系统等，这些子系统在运行的过程中又形成了多个功能特点、影响不同的"复合系统"。这些子系统和子系统组合而成的"复合系统"在功能发挥上形式多样、能量不同，有的是加法效应、有的是乘法效应、有的是减法效应，当然还有的是幂指数效应。这些不同的子系统、不同的系统效应在相互作用的过程中，产生了不同的形态，由此决定着郫都区"两拆一增"构建绿色生态网络的整体系统功能效应发挥和整体系统功能运行形态。郫都区正是利用了城乡融合过程中各个要素系统之间的内在联系，通过塑空间、兴产业、优生态、聚要素、稳增收、促就业，实现城乡融合新形态，构建城乡融合新场景，重塑城乡居民新生活。比如，通过依托法务和技术保障团队，郫都区在储备地块大面积拆围植绿，促进城乡融合成果共享。又如，郫都区安德街道安龙村通过一系列户籍制度和土地制度改革，实现了城乡间人口要素、土地要素和资本要素的合理配置，增加了人们的财产性收入。再比如，郫都区塑造绿色廊道、融合产业、历史文脉、消费场景交互融合的空间结构，形成主体功能明确、资源效能优化的城乡融合发展格局①。还比如，郫都区对示范走廊沿线进行景观风貌整治，修复历史记忆风貌点，融合特色农业产业和文化旅游，着力打造郫都区旅游精品。这些举措都是上述多元、多层次要素系统运行规律的体现，逐一推动了郫都区城乡融合试验区建设中公园城市乡村表达的实践创新②。

由此可见，在推进公园城市建设生态增绿方面，我们可以得出如下启示。

第一，高质量推进城乡融合发展试验区建设，进一步丰富公园城市乡村表达形式。高质量推进城乡融合发展并不是将城市的规模建设得越来越大、越大越好，也不是把更多的农村建设成城市的功能和样式，而是突出人的发展为核心的城乡融合发展。郫都区构建绿色生态网络，既不完全采取为了建设而建设的态度，也不完全照抄照搬其他地区的建设经验，而是突出生态绿色优先功能，同时兼顾体现和挖掘城市发展的文化特点、自然地理环境特色和人文特色。郫都区推进公园城市，还兼顾了农村的特色，不是单就城市而建设城市，也不是把城市里面的公园建设得越多越好、越

---

① 成都郫都区. 城乡融合探新路 起好示范再出发 [EB/OL]. (2020-07-14) [2023-03-30]. http://www.nbd.com.cn/articles/2020-07-13/1458670.html.

② 郝儒杰，许敏，覃清蓉，等. 公园城市乡村表达：现实审视与路径优化：基于郫都区构建绿色生态网络的实证研究 [J]. 长征学刊，2021（11）：102-108.

大越好，而是要坚持科学规划的理念，系统优化郫都区城乡融合发展的空间布局，坚持生态优先、绿色发展，加快建设公园城市先行区和城乡融合发展试验区，探索新时代人才"下乡兴村"管理激励机制，促进各类资源要素在城乡之间充分自由流动，激发城乡融合的内生动力，增强公园城市在乡村发展新格局、新形态、新价值等方面的多元表达。

第二，创造性推进生态产品价值转化新路径，进一步巩固城乡生态、生产、生活底色。成都市公园城市乡村表达是生动展现"绿水青山就是金山银山"重要发展理念的全新实践，既生动再现了"绿水青山"到"金山银山"的转化过程，又全新阐释了"金山银山"到"绿水青山"转化的客观必然。因此，郫都区构建绿色生态网络，就是公园城市乡村表达在"绿水青山""金山银山"双向互动、高效转化的成功实践。郫都区高质量推进公园城市乡村表达的关键在于创造性推进城乡之间生态产品的价值转换实现形式，培育和引进相关生态、产品、科技人才，充分激发生态产品价值转换机制的研究与创新；创新已有的相关政策体制机制，放开放活已有制度对相关新领域的制约，加大解放思想的活力、动力和空间，不断完善新时代城乡生态产品价值转换的制度供给，充分发挥城乡融合生态、生产、生活相关制度体系的整体效能。

第三，高标准建设现代化城乡产业体系，进一步完善共建、共治、共享现代治理格局。新时代，郫都区高质量推进公园城市乡村表达实践路径，必须"在坚持人与自然辩证关系的立场上，有效破解人对物质利益的追求与生态环境、生态环境与生产力、生态环境与财富关系的矛盾和困惑，形成党建引领、政府主导、社会参与的共建共治共享的'一核多元'的治理结构，建设多元主体协同共治的治理机制，推进生态治理体系和治理能力现代化建设。"① 在城乡融合背景下，实现公园城市的乡村多元化表达，离不开服务城乡现代化产业体系的高标准建设。郫都区当前虽然在城乡产业融合上有所创新，但是，从郫都区未来城乡融合发展产业体系建设和公园城市高质量建设的需求上看，要坚守耕地红线和发展底线思维，深化绿色生态网络构建，加快发展特色产业和特色产业园区基地；要抓住数字经济服务区域协同发展的机遇，拓宽数字赋能公园城市乡村表达的路

---

① 郝儒杰."两山"理念视角下的生态治理体系构建逻辑：以四川省涉藏州县为例 [J]. 西藏研究，2020（4）：82-88.

径，完善智慧城市现代治理体系；要完善社会多方力量共建、共享、共治的格局优势，为高标准建成服务城乡的现代产业体系提供应有的战略引领、制度保障和动力支撑①。

6.2 营造生活场景

生活场景营造是成都美丽宜居公园城市建设的重要内容。生活场景是人民群众在公园城市生产、生活、生存的主要场所，也是吸引人民群众美好生活向往，激发人民群众美好生活创造力，释放人民群众精神压力的地方。从成都本地人民群众的角度看，美好的生产生活场景，是人民幸福生活的重要组成部分。成都美丽宜居公园城市，在满足人民群众对美好生活的向往方面，起着完善生活基础设施，优化生活景观设计，美化生活绿色环境，改善生活空气质量，增加生活总体收入，提高生活生产质量，丰富人民精神文化生活乐趣等作用。从成都之外人民群众的角度看，成都美丽宜居公园城市建设，是社会各界了解和认识成都的一扇窗，也是人们认识中国式现代化城市发展形态的渠道，还是成都在新时代满足人民群众对美好公园城市生活向往的展示舞台。什么是美丽宜居公园城市？成都人民建设公园城市的生动实践，交给了每一位走进成都的朋友一个特别的答案。

成都美丽宜居公园城市的生活场景营造的实践探索，概括起来，主要有以下几方面。一是利用官方媒体与自媒体资源构建成都美丽宜居公园城市的线上传播场景。比如，成都有关部门为了让美丽宜居公园城市通过现代信息技术以及 5G 等新媒体，走进人民群众的生产生活，搭建了以"成都发布""简阳发布""郫都发布""双流发布""温江发布"等为主体的市域和县域融媒体平台，还通过微博渠道以及 App 平台，加强对成都美丽宜居公园城市网络生活空间的打造、传播，让人们能够通过多种途径，足不出户地感受到公园城市带来的生活乐趣，也能够看到在公园城市生活、生存、生产着的人们的日常情况，还能够深入和了解成都建设了什么样的美丽宜居公园城市。二是利用老旧公园、湿地、河流、文化遗址等原有公园形态，优化空间格局，突出人情化公共设施，让人们能够在线下真实感

---

① 郝儒杰，许敏，覃清蓉，等. 公园城市乡村表达：现实审视与路径优化：基于郫都区构建绿色生态网络的实证研究［J］. 中共四川省委党校学报，2021（11）：102-108.

受到公园城市建设带来的幸福生活。比如，成都市将公园城市与本地特色的餐饮文化、影视文化、红色文化、革命文化、非物质遗产文化、汽车文化、工业文化融合起来，构建文化生态生活公园新场景，让人们能够在公园城市新场景中感受到本土文化的成都魅力；将本地独特的自然地理风光，都江堰、青城山、龙泉山、杜甫草堂、武侯祠、浣花溪、黄龙溪、香草湖、青龙湖、兴隆湖、牧马河等河流、湖泊、山川以及世界自然遗产等融合起来，打造公园城市生活新场景，让人们能够在亲近自然、享受自然、领悟自然风光和田园乐趣的实践中，体会到美丽宜居公园城市生活场景带来的获得感和幸福感。

成都美丽宜居公园城市的生活场景营造是人民群众在多领域、多维度的伟大创造。其主要有以下几个方面的表现，一是公园城市生活场景的共创维度。成都利用公园城市现有的环境、生态、气候、文化、老旧小区、老城区、新城区、湿地公园、森林公园、新兴产业公园等资源，按照各资源要素的系统性独特特征，因地制宜、宜景则景、宜业则业、宜游则游、宜食则食、宜学则学、宜医则医、宜花则花、宜水则水、宜田则田、宜林则林、宜息则息，创造性营造公园城市的生活消费场景、生活体验场景以及生活创造场景。比如，成都市锦江区的九里沿岸公共空间，就是集聚创意科技艺术人才，以"天府韵·国际范·青春态"为主题，围绕公园城市生态、公园城市人文、公园城市治理、公园城市消费组成的新消费场景与新体验场景的高度复合创新。二是公园城市生活空间场景的共享维度。成都公园城市着眼于人民群众的节假日休闲、会议论坛、培训提能、文化活动、组织团建等生活工作休闲需要，将大众化公园城市景观设计与个性化的公园城市景观设计统一起来，尽可能地突出公共性、共享性、生态性特征，彰显公园城市建设的人文气息和共享精神。比如，成都市锦江区的望江楼公园，就突出其特色名人文化、历史文化、竹文化、影视文化、服饰文化、汉服节民俗文化等文化资源，推进文化与生态融合场景建设，重点打造公园城市的文化生态消费休闲场景。三是公园城市生活空间场景的共营维度。成都公园城市聚焦基层社区（村）人民群众生产、生活、生存的第一线，通过街区公共设施、生活广场、生活绿道、生活商圈、休闲场所等原有条件，优化场景设计，将更多的公园生态绿色元素引入人民群众的生活中。这种生活场景的特点不是如何利用公园城市的公共基础设施，而是吸纳更多的个人、家庭、社会组织、游人等群体，共同营造生活场景，在这样的生活场景中，人们能够实现对美好生活的向往。比如，成都市青羊区的浣花溪社区公园，就是融合发展原有湿地公园、社区改造、休闲娱乐、研学培训等功能，社区中的每个家庭、个人以及游人都能够在公园中饮食、吟诗、写生、出行、消费、会友，共同转换自身生活价值的实现形式，以形成方便人民群众的日常生活场景，增强公园城市的社会吸引力，凝聚公园城市建设的共营意识。此外，还有成都市简阳市构建"党组织引领、社会化共创、社区化共营、邻里式共享"的公园城市场景建设共同体，融合推进数字乡村赋能公园城市场景智慧化建设，提升公园城市乡村表达的生活场景营造水平。

6.3 坚持科学理念

建设全面践行新发展理念的公园城市示范区是党中央赋予成都的重大使命要求，是对以中国式现代化推动中华民族伟大复兴的城市发展理论的具体化，是我国丰富公园城市理论实践的生动探索。

一是成都公园城市建设坚持为城市创新发展注入新动力。成都美丽宜居公园城市创新发展，并不是在某个领域、某个层面、某个空间的局部的、单一的创新发展，而是公园城市整体维度的立体化、系统化创新，是由内而外、由表及里的多系统要素融合发展。成都统筹市内的街区、交通、公园、绿色、建筑、住房、人才、产业、金融等系统要素融合发展，完善各要素主体系统性发展的制度机制，围绕人民群众的美好生活向往需求，优化城市空间场景设计，探索各企业、社会组织等协同发展的数字化平台，加快推进智能城市建设，优化物流快递、智慧旅游、康养生态、应急救援、防灾减灾、汽车租赁、智力咨询、医疗服务等数字化平台建设，为各要素主体发展康养消费、生态旅游、绿道经济等提供一定的数据服务，构筑创新发展平台，完善创新发展政策，培育创新企业组织，发展新兴创新产业，营造公园城市良好的创新发展环境。

二是成都公园城市建设坚持城市协调发展探索新模式。成都美丽宜居公园城市协调发展，将城乡绿道、各类产业、风景名胜、特色小镇、生态产品、数字技术、科技创新、林盘经济、乡村旅游等新型业态协同发展起来，主要是在发展要素、发展平台、发展渠道、发展空间、共赢目标、外部环境、交通设施等方面进行协同发展，抓住机遇，城乡联动，促进人财物等各类生产要素在城乡之间快速流动，推动公园城市的生活价值、文化价值、经济价值、生态价值、社会价值在各类要素的协同发展中实现多样化、多形态的乡村表达。比如，成都市简阳市创新推进公园城市丘陵区表达实践，助力生态产品价值转化，凝聚公园城市的发展动力。

三是成都公园城市建设坚持通过绿色发展营造新场景。绿色是公园城市的生态底色，绿色发展是公园城市建设的生态基石。成都美丽宜居公园城市建设的绿色发展，是整体、系统、全面的绿色发展，不仅仅包括公园城市的空间形态、空间色态，而且也包括公园城市的发展理念、发展要求，还包括人民群众在公园城市的生产生活生习惯习俗、绿色生产消费意识的培育等绿色发展系统。成都依托原生态的城市发展轮廓，优化城市绿色生态空间布局，重塑龙门山、岷江、锦江、龙泉山为一体的公园城市生态物理空间布局，不局限于原有的自然生态空间，而是在原有自然生态空间的基础上，统筹山水林田湖草立体生态系统构建，编制出大美公园城市的绿色生态发展体系，公园城市河湖水发展体系，加强自然生态保护，不搞集群化摊大饼的城市发展模式，重在增强城市生态发展韧性，统筹河湖林田发展关系，防止城市内涝和干旱，不搞城市生态大开发，精准推进城市生态保护与修复。同时，优化产业结构，提升生态产品的科技附加值，加快研发创新链、生态链、产品链等产业链条，让整个公园城市在实现"双碳"目标的建设中，为人民群众提供更多更好的生态绿色产品，为人民群众培育绿色生产习惯和绿色消费意识，营造良好的生态和生存环境。比如，成都市温江区优化南北两大区域绿色发展空间规划，绿化美化光华公园与温江区内社区公园，筑牢公园城市发展的绿色根基。

四是成都公园城市建设坚持开放发展拓展新空间。开放是公园城市发展的动力，开放发展是美丽宜居公园城市建设的发展驱动。成都美丽宜居公园城市的开放发展，是时空维度上的线上与线下、城内与城外联动发展，是形态维度上的平面与立体、跨空间与无空间协同发展，是供需维度上的多功能与多需求共进发展。从时空维度看，成都公园城市建设创造性利用了抖音、视频 App、短视频、融媒体等传播媒介，传播公园城市的各种空间场景，满足人民群众的云直播、云展示、云欣赏、云体验、云论坛、云参与等生活需要。从形态维度看，成都公园城市建设推行"两拆一增"，打破了原有的公园封闭式状况，通过重新优化、绿化"熊猫绿道"，密切公园、社区、街区、园区、景区之间的联系，让公共性、共享性和生态性能够更加便利和快捷地服务人民群众的生产生活。从供需维度看，成都公园城市建设优化城市服务功能，针对人民群众多样化的生产生活需求，创造多元景观，打造各类场景共享平台，构筑公园空间场景，延伸公园城市的服务功能、休闲功能和生态功能。

　　五是成都公园城市建设坚持共享发展激发新活力。共享是中国式现代化城市发展的价值要求，是公园城市建设坚持以人民群众美好生活向往为目标导向的内在规定。成都美丽宜居公园城市的共享发展，旨在提升公园城市共享建设的效能。主要表现为：首先，公园城市高质量的服务保障。这样的保障力度，不仅包括城市教育、医疗、养老、住房等人民群众生活必需的物质条件的供给力度，而且包括人民群众享受公园城市提供社会公共服务产品的政策支撑、科学服务、优质服务、智能水平。其中，公园城市公共服务产品能否消除在满足人民群众生产生活生存需要方面的不平衡不充分的特征，是当前人民群众共享公园城市建设成果的重要抓手。成都抓住国家有关部门实施《关于推进城市一刻钟便民生活圈建设的意见》的政策契机，优化各类服务网点，推行15分钟服务半径，加快建设智慧服务平台，打破时间空间等方面的局限，推出"15分钟便民生活圈"理念，提升公园城市的共享发展质量。其次，公园城市高水平的群众参与。成都美丽宜居公园城市建设，是中国共产党领导2 100多万成都人民群众共同建设的伟大事业。每一个成都人都是公园城市的生产者、消费者和建设者，共享公园城市建设成果是每一个人的权利。成都培育特色的生态消费文化、绿色生态生活文化，引导人民群众进行垃圾分类处理、绿色低碳出行，引导机关家庭学校医院社区企业等社会主体，培育绿色生活理念，加强绿色生活消费习惯培养。最后，公园城市高标准的宜居品质。宜居是成都公园城市建设的标识，是公园城市人人共享的自然属性。成都突出宜居品质，打造美丽公园城市，探索出现代化公园城市的发展道路。成都市温江区创造性打造"乡村型、城镇型和产业型"的宜居公园社区，精准化配套基础医疗、公共设施、教育文化、休闲购物等城市功能，实现社区公园共享发展。

6.4 推动城乡融合

城乡融合发展是成都美丽宜居公园城市建设的重要内容和必经之路。党的二十大报告明确提出"全面推进乡村振兴"，习近平总书记提出了"产业振兴、人才振兴、生态振兴、文化振兴、组织振兴"五个方面乡村振兴的重要内容。系统看，"五个振兴"是"乡村全面振兴"的核心内涵，是乡村振兴的五个关键支撑点，"五个振兴"既各自成篇，又相互联系、相互促进，构成一个实施乡村振兴战略的有机整体。实践中，在此背景下，全国各地的乡村振兴战略都进行了有效的实施和探索，形成了各具特色的地方经验。但目前的成绩与乡村振兴战略的目标要求，还存着一定的差距。特别是对乡村振兴战略的产业、人才、生态、文化、组织振兴而言，一些地区在认识上不同程度存在着不足和偏差，导致其在推进"乡村振兴"战略的实施过程中，在个别地方和领域出现了单纯强调"产业振兴"或者其中的"一个"或者"几个"振兴，而忽视了乡村振兴战略"五个振兴"的内在关联，乡村振兴是一个系统性战略工程，若不能更好地从整体上和系统视角着手，就无法更好地做到乡村的全面振兴。同时，乡村振兴也不是只有乡村的乡村振兴，单纯只强调乡村来振兴乡村，乡村的全面振兴也就失去了外部条件或者外部因素积极作用的充分发挥，会导致乡村全面振兴动力和活力不足。城市快速发展的多种要素，也可以为乡村振兴提供一定的发展要素支撑。如果就乡村来振兴乡村，乡村振兴的各个要素的发展就失去了广阔的市场空间，没有充分发挥市场在资源配置中的积极作用，从某种程度上讲，就等同于把乡村封闭起来搞乡村振兴，势必出现与希望相反的结果。产业振兴依然是乡村振兴的物质基础，乡村产业的发展是产业振兴的关键，发展乡村产业需要遵循产业发展的规律，其核心和实质就是要在国家的宏观指导下，充分发挥市场在城乡之间的多种要素流动过程中的配置作用。所以，只有把城市的发展要素和乡村振兴的各个要素有效融合起来，互通有无、相互促进，积极调动乡村内部和外部多种要素，实现乡村振兴和城市繁荣同频共振，实现城乡融合发展，乡村全面振兴才会成为可能，新兴城乡关系才能有效构建。另外，实现乡村全面振兴的"五个振兴"，也需要城市相关产业、人才、文化、组织、生态方面的多种资源要素作用的充分发挥，乡村振兴需要城市繁荣拉动，城市繁荣、乡村振兴缺一不可。城市繁荣、乡村衰败会使社会主义现代化强国建设受到影响，新兴城乡关系构建也要受影响①。因此，城乡融合发展，实现乡村全面振兴和城市繁荣的一切要素充分融合，必将有利于全面推动乡村振兴和成都美丽宜居公园城市的高质量建设。因此，成都美丽宜居公园城市，实质上就是促进乡村振兴与城市繁荣迈向共同富裕的公园城市，旨在不断激活城乡发展动力，提升城乡生活品质，美化和绿化城乡居民生活生产生存环境，塑造城乡融合发展的公园城市文化形态。比如，成都市新津区出台《推进公园城市创新发展实施产教融合"五大工程"的意见》，举办产教融合互动，线上线下跨区域合作招聘，提供岗位达 1.4 万余个。成都市新都区建成 170 多千米绿道，有效连通毗河与泥巴沱森林公园，服务人民群众自由便捷共享公园城市场景。成都市大邑县系统性修复川西林盘，营造乡村聚落服务城乡融合的大美公园形态，建成雪山下的公园城市。成都市简阳市塑造活力乡村，建成鳌山公园、天星公园，厚植沱江、绛溪河绿色生态底色，全域增绿达 30.78%，创建 3A 级林盘景区 4 个，公园城市浅丘表达特色鲜明。成都市龙泉驿区实施"汽车+""汽车×"战略，推进城乡创新链产业链生活链全链循环，培育城乡融合的产业新动能。

6.5 凝聚多方合力

公园城市是人民群众创造的产物，成都美丽宜居公园城市建设是在凝聚人民群众社会合力的基础上不断创新完善的实践过程。没有人民群众的积极支持、参与和贡献，任何形态的公园城市建设都永远是一张蓝图。成都美丽宜居公园城市建设，之所以没有让公园城市停留在蓝图上，停留在人们的想象中，最为根本的一条经验，就是始终坚持问计于民、吸取民智、听取民意，并将其贯彻美丽宜居公园城市建设的全过程。为进一步提升公园城市建设的科学化、时代化、现代化水平，成都向全球专家发出邀请，广泛征求人民群众的意见建议，专门举办公园城市论坛，形成《公园城市成都共识 2019》。同时，成都成立了公园城市建设局、公园城市研究

---

① 李翔宇，郝儒杰，唐辉. 城乡融合：成都试验区实践［M］. 成都：四川大学出版社，2022.

院等专门机构，推动公园城市的理论探索。

当前，我国正处于步入百年未有之大变局的深度变革期，经济发展正从高速增长转向高质量发展[1]，成都美丽宜居公园城市建设，必须凝聚多方社会力量，必须始终坚持党的领导，不断加强社区基层党组织建设，探索公园社区治理新路径，加快社区现代化提能升级，形成公园社区治理过程中"抓好党建有共识、基层组织有基础、社区文化有特色、社区振兴有路径、人才队伍有力量"的良好局面，为建成践行新发展理念的公园城市示范区，为成渝地区双城经济圈发展注入基础动力[2]。第一，坚持党的领导，系统构建基层社区治理现代化体系。党的领导是重大政治原则，是坚强的核心保障，必须一以贯之。从首提"公园城市"理念，到"践行新发展理念的公园城市示范区"的提出，公园城市理念已经在成都得到深入贯彻发展。据不完全统计，2020年，成都市整治提升背街小巷2 059条，改造老旧院落600个、棚户区17 434户，完成"两拆一增"点位3 270个，打造特色精品街区121个、公园小区70个，实现公园形态建设与社区生活品味提升有机融合，基层治理能力和宜居生活品质同步提升[3]。最终，成都形成党建引领，各方参与，共建共享共治的公园城市建设新格局。一是扩大社区党组织覆盖面。成都建立"街道大工委+社区大党委+网格党支部+共同生活区党小组"四位一体组织体系[4]，推行网格化服务管理，延伸服务触角，进一步强化党组织领导[5]。二是区域共建，激发社区建设治理内生动力。成都积极打造服务阵地，盘活社区老旧办公阵地、辖区单位闲置办公楼等资源，缩小服务半径，形成了以社区党群服务中心为主体、"便民驿站"为补充的"1+N"便民服务体系，实施社会组织孵化行动，重点培育红星坝坝舞队、歌友会、爱心衣屋等社会组织，建立由社区党组织牵头，居民代表和辖区单位、业委会、物业公司等共同参与的服务体系[6]，

---

① 中共中央关于制定国民经济和社会发展第十四个五年规划和二〇三五年远景目标的建议[N]. 人民日报，2020-11-04（01）.

② 郝儒杰，欧露，许敏，等. 成都公园城市建设下党建引领社区治理现代化探析：基于A社区的实践[J]. 思路视野，2020（19）：11-12.

③ 四川省人民政府. 成都建设公园城市：未来城市 成都之路[EB/OL].（2020-10-26）[2023-03-30]. http://www.sc.gov.cn/10462/10464/10465/10595/2020/10/26/7fd6c153c9d442029a0c97b86fc72eb1.shtml.

④ 储连伟. 转型期我国城市社区党建研究[D]. 北京：中共中央党校，2017.

⑤ 同④.

⑥ 同④.

扩大了服务的影响力。三是强化服务，凝聚共建共享共治合力。全体社区党员"双报到"，广泛开展邻里服务，通过"绿益行"积分服务等载体，打造"云数据"服务平台，增强社区居民凝聚力①。第二，探索现代社区治理机制改革。成都加强社区基层党组织建设，整合社区内外资源，构建社区治理新机制，充分调动社区居民积极参与，达到社区事务的良性治理②。第三，建立健全现代公园社区"社会化"服务机制。成都探索社区服务"多元"模式，建立社区组织孵化器运作模式，大力发展和培育公益性、服务性、互助性社区社会组织及志愿服务组织，健全社区工作经费逐步递增机制，逐步增加社区工作经费③。第四，加快公园社区主题建设。成都践行绿色生态理念，推进老旧小区、老旧厂区、老旧街区和城中村等社区公园建设，打造美丽宜居小区，让公园社区真正有内涵、有生态、有品质④。可见，公园城市理念下，在城市发展的过程中，人本特质更加突显，怎样让社区发展治理和人的高质量发展、高品质生活进一步结合显得十分重要，公园城市社区不仅是居住意义上的体验，更有发展深层次的需求，只有实现党建引领宜居、宜业相结合，创新塑造新型公园社区场景，才能加快社区治理走向现代化变革⑤。

全面建设社会主义现代化国家的新征程，对全面推进成都美丽宜居公园城市建设提出了新的更高的要求。成都以机制体制创新，凝聚美丽宜居公园城市建设的多方社会合力，涵盖社会治理主体、社会治理客体、社会治理体制机制、社会治理力量等多个子系统，是一个全面、动态、复杂的整体性工程。因此，机制体制的创新是激发公园城市建设各个子系统动能转换，凝聚多方合力的新引擎⑥。一是健全党领导社会治理体制机制。成都出台了《关于深入推进社区发展治理建设高品质和谐宜居生活社区的实施意见》《重大决策社会稳定风险评估》《成都市社区发展治理促进条例》等文件，充分依托数字城管中心等机制，深化镇（街道）行政区划调整和

① 郝儒杰，欧露，许敏，等. 成都公园城市建设下党建引领社区治理现代化探析：基于 A 社区的实践［J］. 思路视野，2020（19）：11-12.

② 同①.

③ 同①.

④ 同①.

⑤ 同①.

⑥ 郝儒杰，许敏，唐辉，等. 成都市域社会治理现代化的体制机制创新研究［J］. 科教创新与实践，2020（25）：63-68.

体制机制改革，提高市、县、镇三级社会治理运行效率。成都市成华区坚持人本治理、全生命周期治理、互联融通治理新理念，打造"新街坊·家空间"智慧社区共同体，激发城市高质量发展内生动力，全面提升社会治理体系和治理能力现代化水平。二是坚持完善多元主体的共治体制。成都市健全民主协商机制，推动社会综合治理向社区层面拓展延伸，共同提高人民群众满意度，增进共识、增强合力，多种治理方式同频共振，构建充满生机活力的社会治理格局。成都市双流区将党组织覆盖到每一个区域、单元、细胞，突出"宣传网"，唱响"主旋律"，抢占"主阵地"，传播"正能量"。成都市温江区开展党员"三亮"①活动，主动接受群众监督，积极参与小区治理，探索形成"党建引领、智慧治理、多元共治"的温江"丽晶港模式"。三是成都市聚焦社区层面，优化整合工作力量，提升治理效能。探索社区生活服务新模式，推动基层服务机构、工作人员不断提升服务质量②。成都市武侯区开展就业创业培训、人力资源服务、无障碍旅游等项目，形成了社区公益可持续运营闭环。成都市双流区东升街道建成"市民获得感、幸福感、安全感增长最快的地方"。成都市武侯区创新互联网时代群众工作机制，组织动员 200 多万群众志愿者共建平安成都。成都还积极利用社会企业优势，参与共建共治，实现全民联动、多元互动、参与治理，优化社区发展运营机制，吸引社会力量共同参与和共同发展。成都市武侯区晋阳社区以"支位"App 为载体，提供共享停车、错时停车等服务。成都市成华区建立社区发展基金会，建设天府社创中心，获评全国创新社会治理最佳案例。四是成都市坚持"全方位"推进体制机制创新③。成都市武侯区玉林街道黉门街社区通过专项基金反哺社区，实现了社区自我"造血"。成都市成华区建成智慧警务服务驿站，24 小时服务，不断增强人民群众获得感幸福感安全感。成都市都江堰市通过举办各类研讨会、主题交流会等方式，汇集多方人才，汲取多方智力。由此可见，成都市凝聚多方社会力量，推进美丽宜居公园城市建设，是一个长期的历史过程，不能一蹴而就，要从整体上、系统上提高体制机制创新的现代化水平④。

---

① "三亮"活动，即党员亮身份、亮承诺、亮岗位。

② 郝儒杰，许敏，唐辉，等. 成都市域社会治理现代化的体制机制创新研究［J］. 科教创新与实践，2020（25）：63-68.

③ 同②.

④ 同②

为此，一要注重体制机制创新的整体性和系统性。成都市要坚持党的领导，以公共需求为导向，以人民为中心，优化和完善治理制度和规则、完成社会聚力、激发社会活力、形成社会合力①。二要注重体制机制创新的功能性和工具性。要注重培育社会力量新型合作模式，构建多元社会主体良性发展的制度生态系统，增加科技支撑对现有功能的整体性发挥，加大对社会意识的培育价值引领②。三要注重体制机制创新的物质性和实践性。要完善共享基础数据资源，创新和完善防控化解社会治安风险、重大矛盾纠纷、公共安全风险、网络安全风险的体制机制，加强网络空间综合治理，筑牢智能安全屏障③。四要注重体制机制创新的预测性和科学性。通过技术手段对未来趋势、实践形式、发展可能等进行预测，及时推广。凝聚美丽宜居公园城市建设多方合力，直接关系到成渝地区双城经济圈的高质量发展，关系着成都美丽宜居公园城市的高质量建设④。要切实提高人民群众的满意度，把成都人民安居乐业的家园情怀融入美丽宜居公园城市建设的每一个环节，把美丽宜居的公园城市的价值理念融入成都人民生产生活生存的每一个领域。要清醒认识当前公园城市建设存在的短板，善于运用互联网、人工智能、大数据、云计算等最新技术手段，以开放包容的心态，牢记嘱托、勇毅前行、让人民群众向往的生活更美好⑤。

---

① 郝儒杰，许敏，唐辉，等. 成都市域社会治理现代化的体制机制创新研究［J］. 科教创新与实践，2020（25）：63-68.

② 同①.

③ 同①.

④ 同①.

⑤ 同①.

7 结束语

本书遵循习近平新时代中国特色社会主义思想和习近平总书记视察四川及成都系列重要指示批示精神关于公园城市系列重要论述的科学指引，尤其是落实好习近平总书记强调的："要把生态价值考虑进去"重要指示精神。2020 年 10 月 16 日，中共中央政治局审议通过了《成渝地区双城经济圈建设规划纲要》，2021 年 10 月 20 日，中共中央、国务院印发了《成渝地区双城经济圈建设规划纲要》①，2022 年 2 月，国务院批复，同意成都建设践行新发展理念的公园城市示范区，2022 年 3 月，国家发展改革委、自然资源部、住房和城乡建设部印发《成都建设践行新发展理念的公园城市示范区总体方案》的通知（发改规划〔2022〕332 号）②。在中国式现代化的大视野中，深入阐释美丽宜居公园城市是社会主义现代化强国不可或缺的必要条件，阐释公园城乡村表达是成都建设践行新发展理念的公园城市示范区必不可少的重要一环。在学理上明晰梳理两者之间的内在关联，在政策上探讨安排两者之间的影响互动，在实践中推进两者之间的同频共振，是我们确立的理性指向③，按照这个指向展开观察和发现，初步能够获得以下判断：

第一，成都建设践行新发展理念的公园城市示范区建设方向坚定。在实践中，成都始终坚持贯彻落实习近平总书记重要指示精神，敢于担当新

---

① 新华社. 中共中央 国务院印发《成渝地区双城经济圈建设规划纲要》[EB/OL].（2021-10-21）[2023-03-30]. http://www.gov.cn/zhengce/2021-10/21/content_5643875.htm.

② 国家发展改革委. 关于印发成都建设践行新发展理念的公园城市示范区总体方案的通知 [EB/OL].（2022-03-16）[2023-03-30]. http://www.gov.cn/zhengce/zhengceku/2022-03/17/content_5679468.htm.

③ 李翔宇，郝儒杰，唐辉. 城乡融合：成都试验区实践 [M]. 成都：四川大学出版社，2022.

发展阶段的历史重任，善于落实新发展理念的时代要求，勇于开拓新发展格局的创新境界。

第二，成都建设践行新发展理念的公园城市示范区建设目标明确。成都市"完整准确全面贯彻新发展理念，加快构建新发展格局，坚持以人民为中心，统筹发展和安全，将绿水青山就是金山银山理念贯穿城市发展全过程，充分彰显生态产品价值，推动生态文明与经济社会发展相得益彰，促进城市风貌与公园形态交织相融……实现高质量发展、高品质生活、高效能治理相结合，打造山水人城和谐相融的公园城市"①。成都重点聚焦"厚植绿色生态本底，塑造公园城市优美形态""创造宜居美好生活，增进公园城市民生福祉""营造宜业优良环境，激发公园城市经济活力""健全现代治理体系，增强公园城市治理效能"等方面进行了实践探索。

第三，成都建设践行新发展理念的公园城市示范区建设部署合理。成都在突出生态绿化，营造生活场景，坚持科学理念，推动城乡融合，凝聚多方合力等方面，在其生活、文化、经济、生态、社会价值上进行了实践表达。

第四，成都建设践行新发展理念的公园城市示范区建设成效初显。依据中央部署要求，2022 年 5 月，成都市印发《成都建设践行新发展理念的公园城市示范区行动计划（2021—2025 年）》，标志着成都美丽宜居公园城市建设进入了新阶段，全面开启了公园城市示范区建设的全新探索。成都为夯实公园城市示范区建设的实践根基增添了鲜明的亮点，初步显露中国式现代化的"成都版"意蕴。

成都美丽宜居公园城市建设是一种全新的发展模式，是对人类城市文明新形态的全新实践。工业革命时代以来，工业文明、科技革命促使人类社会发生了制度变革、思维理念变迁、经济发展方式转化，生活生存方式也给人类社会带来了重重矛盾与挑战。在这种情况下，成都美丽宜居公园城市建设对于破解"大城市病"，治理城市环境问题、城市产业活力问题、城市科学规划问题提供了全新的发展范式，是对人与自然、人与经济、人与社会、人与生态、人与文化关系的一种全新阐释。当然，通过观察研

---

① 国家发展改革委. 关于印发成都建设践行新发展理念的公园城市示范区总体方案的通知 [EB/OL]. （2022 - 03 - 16）［2023 - 03 - 30］. http://www.gov.cn/zhengce/zhengceku/2022 - 03/17/content_5679468.htm.

究，成都公园城市示范区建设的各个要素、环节的运行机制尚需进一步完善，发现成都美丽宜居公园城市建设的约束尚需进一步破除。走好公园城市乡村表达发展道路，既要在实践中创新，也要在理论上探索，还要在政策上完善，这些为学者们的深入研究留下广泛空间，有待成都公园城市示范区建设的实践创新。

参考文献

一、经典著作

[1] 马克思，恩格斯. 马克思恩格斯选集：第 1-4 卷 [M]. 中共中央马克思恩格斯列宁斯大林著作编译局，译. 北京：人民出版社，1995.

[2] 列宁. 列宁选集：第 1-4 卷 [M]. 中共中央马克思恩格斯列宁斯大林著作编译局，译. 北京：人民出版社，1995.

[3] 毛泽东. 毛泽东文集：第 1-8 卷 [M]. 北京：人民出版社，1999.

[4] 邓小平. 邓小平文选：第 2 卷 [M]. 北京：人民出版社，1994.

[5] 邓小平. 邓小平文选：第 3 卷 [M]. 北京：人民出版社，1993.

[6] 江泽民. 江泽民文选：第 1-3 卷 [M]. 北京：人民出版社，2006.

[7] 习近平. 习近平用典 [M]. 北京：人民日报出版社，2015.

[8] 习近平. 摆脱贫困 [M]. 福州：福建人民出版社，2014.

[9] 习近平. 干在实处 走在前列 [M]. 北京：中共中央党校出版社，2014.

[10] 中共中央文献研究室. 十七大以来重要文献选编：上 [M]. 北京：中央文献出版社，2009.

[11] 习近平. 习近平谈治国理政：第一卷 [M]. 北京：人民出版社，2018.

[12] 习近平. 习近平谈治国理政：第二卷 [M]. 北京：人民出版社，2017.

[13] 习近平. 习近平谈治国理政：第三卷 [M]. 北京：人民出版社，2020.

［14］习近平. 习近平谈治国理政：第四卷 ［M］. 北京：人民出版社，2022.

二、学术专著

［1］叶敏. 发展政治大都市郊区非正规经济治理研究 ［M］. 上海：上海人民出版社，2022.

［2］刘丛政，邵育. 成都区域经济社会发展：考察与研究 ［M］. 成都：四川科学技术出版社，2005.

［3］谢正义. 公园城市 ［M］. 南京：江苏人民出版社，2018.

［4］金江军，郭英楼. 智慧城市大数据、互联网时代的城市治理 ［M］. 北京：电子工业出版社，2018.

［5］杨卫东，郭虹. 中心城市经济理论与实践：以武汉为例 ［M］. 北京：经济科学出版社，2011.

［6］田美玲. 国家中心城市的理论与实践研究：以武汉市为例 ［M］. 北京：经济管理出版社，2016.

［7］孙斌栋，魏旭红. 中国城市区域的多中心空间结构与发展战略 ［M］. 北京：科学出版社，2016.

［8］郁建生，林珂，黄志华，等. 智慧城市：顶层设计与实践 ［M］. 北京：人民邮电出版社，2017.

［9］屈婷. 何以成城：马克思的城乡分工理论与中国的城市化道路 ［M］. 南京：南京大学出版社，2017.

［10］郭岚. 国家中心城市建设的路径与战略研究 ［M］. 上海：上海社会科学院出版社，2013.

［11］塔普林，舍尔德. 城市公园反思：公共空间与文化差异 ［M］. 魏泽崧，汪霞，李红昌，译. 北京：中国建筑工业出版社，2013.

［12］唐文金. 成渝地区双城经济圈建设研究 ［M］. 成都：四川大学出版社，2020.

［13］杨天宗，季铸. 反思城市 ［M］. 成都：四川大学出版社，2012.

［14］塔隆. 英国城市更新 ［M］. 杨帆，译. 上海：同济大学出版社，2017.

［15］陈晓梅. 中国传统城市的马克思主义大众化：以扬州琼花观社区为样本 ［M］. 北京：社会科学文献出版社，2017.

［16］姜晶花. 城市价值与文化伦理［M］. 上海：上海社会科学院出版社，2015.

［17］范渊. 数字经济时代的智慧城市与信息安全［M］. 北京：电子工业出版社，2019.

［18］龙瀛，毛其智. 城市规划大数据理论与方法［M］. 北京：中国建筑工业出版社，2019.

［19］王丰龙. 国家中心城市建设的科学基础与途径：以湖北省武汉市为例［M］. 北京：中国财政经济出版社，2017.

［20］赫曦滢. 马克思主义视阈中的城市批评与当代价值［M］. 北京：社会科学文献出版社，2017.

［21］徐新，范明林. 紧凑城市：宜居、多样和可持续的城市发展［M］. 上海：上海人民出版社，2010.

［22］成都市公园城市建设领导小组. 公园城市：城市建设新模式的理论探索［M］. 成都：四川人民出版社，2019.

三、学术期刊

［1］艾光利. 整体性治理下的城市社区治理现代化重构：基于重庆市沙坪坝区香炉山街道的实证调研［J］. 重庆行政，2020（2）：52-54.

［2］白相辉. 现代城市园林绿化养护管理现状与改革措施［J］. 现代园艺，2020（2）：202-203.

［3］包彦征. 习近平新发展理念的马克思主义思维逻辑［J］. 内蒙古社会科学，2019（3）：8-15.

［4］边志红. 现代城市商业综合体建筑设计分析［J］. 建材与装饰，2020（7）：113-114.

［5］才国伟，鲁晓东，刘乐淋. 新发展理念与中国改革的制度探索：中国制度经济学论坛（2019）综述［J］. 经济研究，2020（2）：203-208.

［6］蔡丽新. 坚定贯彻新发展理念 谱写高质量发展新篇［J］. 群众，2020（5）：11-12.

［7］蔡永辉. 新发展理念与地方标准化综合改革有效契合路径研究［J］. 中国质量与标准导报，2018（12）：40-42，45.

［8］曹劲松，任克强，庄传伟，等. 疫情大考中现代化城市治理的"南京样本"［J］. 中国发展观察，2020（Z4）：107-113.

［9］曹磊，朱丽衡，霍艳虹. 基于模糊综合评价法的城市公园环境安全评价：以唐山市南湖公园为例［J］. 风景园林，2020（3）：80-85.

［10］曹世焕，刘一虹. 风景园林与城市的融合：对未来公园城市的提议［J］. 中国园林，2010（4）：54-56.

［11］曹玉. 原生态环境景观设计在城市公园的应用［J］. 环境与发展，2020（2）：190，192.

［12］曹玉书. 贯彻新发展理念强化融合创新［J］. 施工企业管理，2018（12）：36-37.

［13］常美婷. 现代城市环境设计中的传统文化元素［J］. 建材与装饰，2020（13）：115-116.

［14］陈宝成. 试论城市治理现代化的实现路径［J］. 民营科技，2017（4）：243.

［15］陈步伟，佟华华. 新发展理念与中国现代性话语［J］. 燕山大学学报，2019（1）：50-56.

［16］陈美华. 浅析城市公园树池现状及建议［J］. 居舍，2020（3）：118.

［17］陈明. 国家能力、居住形态与治理现代化：基于新冠肺炎事件的反思［J］. 学术探索，2020（4）：64-70.

［18］陈强，杨思维，刘松. 现代城市广场人性化景观设计体现［J］. 农村经济与科技，2020（2）：298-299.

［19］陈天，李阳力，王佳煜. 2019年生态城市研究与建设热点回眸［J］. 科技导报，2020（1）：202-214.

［20］陈婉. 2019中国绿色城市指数TOP50发布 你的城市变绿了吗？［J］. 环境经济，2020（Z1）：68-71.

［21］陈小燕，郑宇，魏昱君，等. 色彩对城市山地型公园春冬季植物景观视觉质量的影响［J］. 中国城市林业，2020（1）：60-65.

［22］陈迎春，李扬帆. 全面贯彻新发展理念 增强公园城市示范效应［J］. 先锋，2020（5）：29-31.

［23］陈愉瑜. 开放之治：国际视野下的大城市治理现代化［J］. 杭州，2019（42）：70-73.

［24］陈正广. 市域治理现代化背景下智慧城管的建设路径探析：以浙江临海市为例［J］. 时代经贸，2020（11）：90-91.

［25］陈自锋. 厦门乡土植物与现代城市园林景观建设探究［J］. 四川水泥，2019（11）：98.

［26］成实，成玉宁. 从园林城市到公园城市设计：城市生态与形态辩证［J］. 中国园林，2018（12）：41-45.

［27］成实，牛宇琛，王鲁帅. 城市公园缓解热岛效应研究：以深圳为例［J］. 中国园林，2019（10）：40-45.

［28］程国辉. 基于新的发展理念下特色小镇建设浅析［J］. 城市建筑，2019（30）：22-24.

［29］程卓. 城市历史文化主题公园雕塑在语境化景观形态中的表达［J］. 大众文艺，2020（4）：48-49.

［30］程梓易，姚阳. 城市公园冬季小气候要素与游人舒适度及行为关系思考：以重庆市永川区兴龙湖为例［J］. 区域治理，2019（48）：164-166.

［31］初楚，龙春英，姚子雪. 老年人散步行为与城市公园道路设计的关联性研究［J］. 华中建筑，2020（3）：35-41.

［32］褚逸诚. 当今中国城市公园的问题与未来展望［J］. 建筑与文化，2020（2）：154-155.

［33］崔姗. 城市休闲公园景观设计［J］. 美与时代，2020（1）：122.

［34］戴菲，王运达，陈明，等. "公园城市"视野下的滨水绿色空间规划保护研究：以武汉长江百里江滩为例［J］. 上海城市规划，2019（1）：19-26.

［35］戴忠炜，洪昕晨，潘明慧，等. 基于GIS的城市公园避雨设施可达性研究：以福州沙滩公园为例［J］. 中国园林，2020（2）：101-105.

［36］邓峰，蒋莉. 生态城市旅游意向对游客满意与游客重游意向的影响研究［J］. 湖南科技学院学报，2019（11）：62-65.

［37］丁九敏，刘玉石. 论地域文化在城市公园设计中的应用：以连云港苍梧绿园为例［J］. 现代农业，2020（1）：9-11.

［38］丁力军. 城市开放式公园绿化存在的问题及对策［J］. 现代园艺，2020（4）：193-194.

［39］丁明清. 基于现代城市公共景观环保节能型设计方法研究［J］. 环境科学与管理，2019（12）：62-66.

［40］丁晴. 智能时代城市治理面临的问题与对策［J］. 上海城市管

理，2020（2）：62-65.

[41] 董璟璟，林瑛. 城市公园空间叙事研究：以无锡城中公园为例 [J]. 设计，2020（1）：48-51.

[42] 董靓. 实现公园城市理念的一种概念性框架 [J]. 园林，2018 （11）：18-21.

[43] 董亚炜. 加强党的全面领导 以"五大创新"引领公园城市建设 [J]. 四川党的建设，2020（1）：32-34.

[44] 都秉红. 低碳生态城市规划评价体系研究 [J]. 地产，2019 （16）：43，59.

[45] 窦攀烽，左舒翟，任引，等. 基于城市分类的绿色城市指标体系构建 [J]. 生态学杂志，2019（6）：1937-1948.

[46] 杜锦，危怀安. 智慧紧凑型绿色城市发展理念的瓶颈与突破 [J]. 中国房地产，2020（3）：63-70.

[47] 杜颖. 新发展理念的基本内涵 [J]. 现代交际，2020（5）：249-250.

[48] 段世磊. 论现代城市空间的双重伦理困境与其出路 [J]. 宁夏社会科学，2020（1）：38-43.

[49] 段瑜，黄川壑，罗捷. 水润天府 活水成都 以水战略为导向的公园城市规划与建设模式 [J]. 城市道桥与防洪，2018（9）：54-57.

[50] 范德科，张丹. 高效 安全 环保 助力绿色城市建设：记中岩科技装配式建筑服务体系 [J]. 中国建材，2019（4）：99-101.

[51] 范金妹. 城市治理现代化：内涵、困境、路径选择：以福建南平为例 [J]. 湖北经济学院学报，2019（6）：43-45.

[52] 范丽琼. 公园城市理念内涵及对城市景观设计的启示 [J]. 现代园艺，2019（16）：81-82.

[53] 范锐平. 加快建设美丽宜居公园城市 [J]. 公关世界，2018 （21）：50-53.

[54] 范锐平. 坚守战略定力 持续创新提能 开创建设全面体现新发展理念的城市新局面 [J]. 先锋，2020（1）：10-15.

[55] 范玉刚. 文化创意在建设"公园城市"中的助力作用 [J]. 中原文化研究，2020（1）：47-52.

[56] 方伟. 公园城市让人民生活更美好 [J]. 群众，2019（23）：

45-46.

[57] 方一. 绿色城市建设中城市公园对于居民健康的影响 [J]. 健康中国观察, 2020 (5): 91-94.

[58] 方卓青. 城市滨水公园设计理念研究 [J]. 大众文艺, 2020 (4): 58-59.

[59] 丰金山. 关于城市规划设计中生态城市规划的探析 [J]. 门窗, 2019 (20): 137.

[60] 冯红伟. 经济与环保协同发展: 以新发展理念引领生态文明建设 [J]. 昆明理工大学学报, 2020 (1): 56-64.

[61] 冯静. 新发展理念的理论创新与实践意义 [J]. 中共福建省委党校学报, 2017 (2): 18-23.

[62] 冯珺. 从坚持新发展理念看加快建设人才强国的必然性 [J]. 管理观察, 2020 (5): 46-47, 50.

[63] 冯凌宇. 公园城市视角下的城市公共休闲空间建设: 以成都为例 [J]. 中共成都市委党校学报, 2019 (5): 92-96.

[64] 冯锵, 杨建新. 生态城市的生态话语分析 [J]. 东南传播, 2020 (2): 38-42.

[65] 符妹. 新发展理念的理论特征及其超越性 [J]. 甘肃理论学刊, 2020 (1): 5-11.

[66] 符兴源, 姜珊, 王雪娜, 等. 城市公园使用者景观偏好与景观认知比较研究: 以哈尔滨市平房公园为例 [J]. 西南师范大学学报, 2020 (3): 127-136.

[67] 付文中. 城市生态公园的主要益处 [J]. 区域治理, 2019 (45): 236-238.

[68] 傅凡, 靳涛, 李红. 论公园城市与环境公平 [J]. 中国名城, 2020 (3): 32-35.

[69] 傅凡, 李红, 赵彩君. 从山水城市到公园城市: 中国城市发展之路 [J]. 中国园林, 2020 (4): 12-15.

[70] 甘春阳. 生态城市理念下的城市规划要点分析 [J]. 居舍, 2019 (36): 4.

[71] 高大双. 现代城市滨海景观设计 [J]. 西部皮革, 2019 (24): 19.

[72] 高菲，游添茸，韩照."公园城市"及其相近概念辨析 [J]. 建筑与文化，2019（2）：147-148.

[73] 高蔼. 眉山市城市公园观花与观叶植物调查及观赏特性探究 [J]. 现代园艺，2018（24）：106.

[74] 高力强，刘震. 地区公园的游憩机会谱及优化体系研究：以石家庄的城市综合性公园为例 [J]. 石家庄铁道大学学报，2020（1）：69-76.

[75] 高伟飞. 现代城市公园景观的设计理念和原则 [J]. 美与时代，2018（12）：70-71.

[76] 葛文帅. 新发展理念视域下的绿色责任担当 [J]. 区域治理，2019（48）：36-40.

[77] 葛新权. 贯彻新发展理念 营造创新文化 [J]. 产业创新研究，2020（4）：13-16.

[78] 耿亭亭. 低碳生态城市视角下的绿色建筑规划方法分析 [J]. 门窗，2019（16）：8.

[79] 龚亚明. 聚力社区治理 加快建设山水公园城市 [J]. 四川党的建设，2019（24）：36.

[80] 顾保国. 奏响新发展理念的时代最强音 [J]. 群众，2020（5）：19-20.

[81] 管淑娇，李文倩，王喜满. 新中国成立以来中国共产党发展理念的演进与发展 [J]. 中共乐山市委党校学报，2019（6）：5-10.

[82] 郭川辉，傅红. 从公园规划到成都公园城市规划初探 [J]. 现代园艺，2019（11）：100-102.

[83] 郭力. 新发展理念引领下的河南省产业结构优化升级路径研究 [J]. 当代经济，2018（23）：70-72.

[84] 郭明友，李丹芮. 基于系统论的当代公园城市建设几点再思考 [J]. 中国名城，2020（3）：36-39.

[85] 郭思远，徐芯蕾. 塑造屋顶上的绿色城市：浅谈南京屋顶花园的发展意义及阻力 [J]. 艺术科技，2019（12）：183，197.

[86] 郭思远. 基于屋顶绿化视角下的绿色城市建设：南京恒基中心公寓屋顶花园调查研究 [J]. 艺术科技，2019（12）：177-178.

[87] 郭文杰. 柏林绿色城市建设经验 [J]. 前线，2019（3）：63-65.

［88］郭亚杰，陈学凯，陈晨．试论生态原则及绿色城市设计体系 ［J］．城市建筑，2019（35）：19-20．

［89］郭祎．四川成都推进社区治理现代化的实践 ［J］．中国国情国力，2019（1）：14-17．

［90］郭莹，杨昕．基于GIS分析凯里市城市公园绿地的可达性 ［J］．现代园艺，2020（2）：161-162．

［91］郭芷若．沈阳市城市公园无障碍设施设计研究 ［J］．西部皮革，2020（5）：122-123．

［92］过琳琪．城市公园的个性化规划探索：以西安皂河生态公园规划为例 ［J］．华中建筑，2019（1）：68-72．

［93］韩保江．以新发展理念引领高质量发展 ［J］．理论导报，2019（12）：48，50．

［94］韩春光．传统蒙文化在现代城市景观中的应用：以鄂尔多斯天骏广场为例 ［J］．城市建设理论研究，2019（15）：199，208．

［95］韩林飞，解正卿．城市绿色空间的重塑：莫斯科扎里亚季耶公园及其城市贡献 ［J］．城乡建设，2020（10）：4．

［96］韩林林，黄玉楠．城市公园对河洛文化的继承与创新：以拍摄微纪录片为例 ［J］．卫星电视与宽带多媒体，2019（21）：74-75．

［97］韩文秀．贯彻新发展理念 推动高质量发展 确保全面建成小康社会圆满收官：学习中央经济工作会议精神的几点体会 ［J］．宏观经济管理，2020（1）：1-4．

［98］韩喜平，李建楠．以新发展理念助推中国经济新发展 ［J］．思想教育研究，2019（3）：3-6．

［99］韩旭，郑海燕．新发展理念视角下黑龙江省冰雪旅游产业发展对策研究 ［J］．对外经贸，2019（11）：29-32．

［100］杭茜琳．浅析生态城市规划设计 ［J］．中国住宅设施，2020（4）：13，21．

［101］何格，肖扬，吴蓉，等．社会公平视角下广州市城市公园可达性研究 ［J］．风景园林，2020（1）：90-96．

［102］何静．宜居美丽公园城市建设存在的问题及对策 ［J］．乡村科技，2020（11）：49-50．

［103］何帅森．新媒体公共艺术与珠三角地区现代城市的融合 ［J］．

新型建筑材料，2020（2）：151-152.

[104] 和茜，王乐. 城市公园设计方法研究 [J]. 城市公园设计方法研究，2019（17）：69-70.

[105] 贺成立，罗肖肖. 新发展理念"人民性"的唯物史观解读 [J]. 长春工程学院学报，2019（4）：5-9.

[106] 洪银兴. 新发展理念与中国特色社会主义政治经济学的新发展 [J]. 南京政治学院学报，2017（1）：1-5.

[107] 胡铖，黄朝凌. 绿色城市理念对城市发展的启示：以南水北调中线工程水源区十堰市为例 [J]. 汉江师范学院学报，2018（6）：48-50.

[108] 胡德龙，叶星. 新发展理念视角下全要素生产率分解与测算：基于江西省样本 [J]. 金融教育研究，2018（6）：38-47.

[109] 胡欣萌，彭军. 基于互动理论的现代城市公园景观装置艺术的设计研究：以长沙中航山水间社区公园设计为例 [J]. 工业设计，2019（12）：74-75.

[110] 胡逸. 运用大数据提升城市治理现代化水平 [J]. 唯实，2020（4）：62-65.

[111] 黄斌. 基于移动视角下的城市公园景观设计与研究 [J]. 大众文艺，2019（23）：142-143.

[112] 黄建跃. 新发展理念与人的塑造 [J]. 探索，2017（3）：13-17.

[113] 黄玖辉，黄星诚. 天府新区建设"大美世界文化名城公园城市"的理念与路径 [J]. 中国名城，2019（4）：50-53.

[114] 黄鑫. 基于公园城市理念下的地块城市设计方法探索：成都市青羊区、金牛区百仁片区局部地块为例 [J]. 建筑与文化，2019（10）：76-77.

[115] 黄信勇. 共享经济视角下的绿色城市建设策略研究 [J]. 长江技术经济，2019（S1）：7-9.

[116] 黄昳昕. 新发展理念与中国区域经济学发展研究 [J]. 商讯，2020（7）：179.

[117] 黄云平，杨丹. 贯彻新发展理念 推动产业转型升级 [J]. 社会主义论坛，2020（2）：33，57.

[118] 黄钟宣，陈文德. 瓦在成都城市公园中的应用研究 [J]. 砖瓦

世界，2019（2）：30-35.

　　[119] 霍其泉，吴丹. 现代城市居住区景观生态设计探讨 [J]. 建材与装饰，2020（7）：120-121.

　　[120] 贾志科，罗志华. 新时代城市社区治理的现实困境与发展路径 [J]. 晋阳学刊，2020（3）：106-112.

　　[121] 江馨瑶，张秋菊. 城市公园的低影响开发设施应用研究：以成都浣花溪为例 [J]. 建材与装饰，2019（29）：99-100.

　　[122] 姜海涛，王丽娟，李红娜，等. 昆明市城市公园空间公平性研究 [J]. 特区经济，2020（1）：49-52.

　　[123] 姜胜辉. 标准化治理：城市社区治理新模式 [J]. 中共天津市委党校学报，2019（5）：88-95.

　　[124] 姜越. 城市公园广场设计 [J]. 美术教育研究，2019（24）：179.

　　[125] 蒋华平，侯灵梅，刘少坤. 深圳市光明区公园城市规划建设研究 [J]. 广东园林，2019（3）：46-50.

　　[126] 蒋凯峰，翟辉，彭琬凌. 基于 AHP—模糊综合评价法的城市公园无障碍环境建设研究：以昆明市弥勒寺公园为例 [J]. 园林，2020（3）：57-63.

　　[127] 蒋玲，赵汇. 透视新发展理念的内在旨归：以人民为中心发展思想研究 [J]. 学习论坛，2019（7）：64-71.

　　[128] 蒋羿，胡尚如，梁伟，等. 公园城市导向的高品质住区营造探索 [J]. 北京规划建设，2019（4）：97-101.

　　[129] 金士廉. 龙泉山上桃花盛开，展开建设东部新区美丽宜居公园城市示范区精彩画卷 [J]. 先锋，2020（3）：74.

　　[130] 金云峰，杜伊，周艳，等. 公园城市视角下基于空间治理的区域绿地管控与上海郊野公园规划实践 [J]. 城乡规划，2019（1）：23-30.

　　[131] 金云峰，杜伊. "公园城市"：生态价值与人文关怀并存 [J]. 城乡规划，2019（1）：21-22.

　　[132] 靳泓，应文. 基于生态修复理念的山地城市公园规划设计研究：以重庆市鹿山公园为例 [J]. 华中建筑，2020（3）：77-80.

　　[133] 荆灿. 城市公园的人性化设计分析 [J]. 中国地名，2019（11）：53.

[134] 寇有观. 奋斗创新 建设智慧生态城市 [J]. 办公自动化, 2020 (10): 8-9, 15.

[135] 寇有观. 建设"智慧生态城市（群）"推进高质量发展 [J]. 办公自动化, 2020 (3): 8-10.

[136] 寇有观. 在习近平新时代中国特色社会主义思想指引下建设"智慧生态城市群"[J]. 办公自动化, 2020 (2): 8-9, 32.

[137] 赖宽, 朱勇, 王勇, 等. 都市新区公园城市建设研究: 以成都新津城市建设为例 [J]. 成都行政学院学报, 2019 (5): 88-92.

[138] 兰新怡. 生态城市的建设依赖城市的河道整治 [J]. 资源节约与环保, 2020 (1): 19-20.

[139] 雷飞. 基于浙江地域文化的城市公园景观设计 [J]. 建筑技术开发, 2020 (2): 10-11.

[140] 雷淼钧, 张一奇. 基于 AHP 方法的城市公园景观认知评价模型的构建 [J]. 现代园艺, 2020 (3): 22-25.

[141] 李冰伦, 王文杰, 胡远满, 等. 城市湿地公园生态要素重构研究: 以北京琉璃河湿地公园为例 [J]. 环境工程技术学报, 2020 (1): 32-38.

[142] 李成, 周超, 钱巧玲, 等. 基于 InVEST 模型的城市公园生态系统服务评估: 以扬州市中心城区为例 [J]. 扬州大学学报, 2020 (1): 123-126.

[143] 李翠翠. 环境美学下的城市公园景观设计 [J]. 现代交际, 2018 (24): 90-91.

[144] 李浩, 周惠瑜. 城市公园科普发展探索: 以昆明市属公园为例 [J]. 云南科技管理, 2019 (5): 38-40.

[145] 李红松. 新发展理念的历史超越与新时代意义 [J]. 宁夏党校学报, 2020 (2): 37-45.

[146] 李后强. 公园城市美丽河网体系构建研究: 以成都市为例 [J]. 中国西部, 2019 (3): 1-9.

[147] 李锦华, 李雪强, 朱俐娜. 绿色城市实现路径探索: 以新型建筑经济打破建筑业发展三角困境 [J]. 天津城建大学学报, 2020 (2): 155-160.

[148] 李娟. 践行新发展理念推动河南经济高质量发展 [J]. 纳税,

2020（5）：187.

[149] 李良进. 城市社区治理现代化四维透视：逻辑、内涵、路径及保障 [J]. 湖北经济学院学报，2019（2）：14-17.

[150] 李琳，莫滨，吴剑，等. 广西公园城市建设策略探讨 [J]. 广西城镇建设，2019（12）：112-115.

[151] 李羚. 公园城市社区发展治理的实践与思考 [J]. 邓小平研究，2019（6）：105-113.

[152] 李敏，童勾曦，李济泰. 国标编制相关的城市公园绿地主要规划指标研究 [J]. 中国园林，2020（2）：6-10.

[153] 李妮斯，邹思源. 让生态成为美丽宜居公园城市的最美底色 [J]. 环境教育，2019（9）：64-68.

[154] 李晴，刘海军. 智慧城市与城市治理现代化：从冲突到赋能 [J]. 行政管理改革，2020（4）：56-63.

[155] 李伟，蔡一民. 城市中心区生态绿地规划与设计：以成都环城生态区桂溪生态公园建设为例 [J]. 重庆建筑，2019（12）：18-22.

[156] 李向宁. 从金色原野到绿色城市 [J]. 柴达木开发研究，2019（1）：70-73.

[157] 李晓江，吴承照，王红扬，等. 公园城市，城市建设的新模式 [J]. 城市规划，2019（3）：50-58.

[158] 李晓梅. 探索生态城市成功实践 促进矿山绿化创新发展：中国（承德）第十二届生态城市与矿山绿化会议召开 [J]. 国土绿化，2019（12）：40-41.

[159] 李晓燕. 生态城市理念下的城市规划要点分析 [J]. 门窗，2019（21）：127，129.

[160] 李晓壮. 城市治理体系初探：基于北京 S 区城市管理模式的考察 [J]. 城市规划，2018（5）：24-30.

[161] 李新月. 绿色城市设计理念在规划设计中的应用探析 [J]. 城市住宅，2020（3）：127-128.

[162] 李雄，张云路. 新时代城市绿色发展的新命题：公园城市建设的战略与响应 [J]. 中国园林，2018（5）：38-43.

[163] 李雪林，李懿，董惠敏. 推动"万里长江第一城"向"长江科创生态城"迈进：以新发展理念引领高质量发展的宜宾实践与前瞻 [J].

国家治理, 2019 (44): 4-19.

[164] 李燕. 民族地区城市公园景观设计研究: 以南宁市民族大道北侧山体公园为例 [J]. 美与时代, 2019 (12): 82-83.

[165] 李永怡. 城市公园规划设计与公众参与解析 [J]. 现代园艺, 2020 (2): 105-106.

[166] 李宇轩, 和太平. 广西贵港城市公园绿地园林植物资源调查 [J]. 广东农业科学, 2019 (11): 23-30.

[167] 李元应. 河南省绿色城市建设对促进新型城镇化优质发展的现实意义 [J]. 现代园艺, 2019 (2): 138-139.

[168] 李钊. 后疫情时代我国城市社区治理的现代化路径 [J]. 中国房地产, 2020 (15): 70-79.

[169] 李珍妮, 苗健, 李莉萍. 城市公园的使用后评价: 以河南省济源市清趣园为例 [J]. 城市建筑, 2020 (1): 187-189.

[170] 梁栋. 践行绿色发展理念 构建人与自然和谐共生 [J]. 内蒙古水利, 2020 (5): 5.

[171] 梁慧超, 周璇. 新发展理念指导下乡村产业振兴对策研究 [J]. 鲁东大学学报, 2019 (6): 83-89.

[172] 梁坤, 夏博. 城市废弃建筑垃圾堆放场的公园景观改造设计指导 [J]. 城市建筑, 2019 (35): 99-100, 103.

[173] 梁晓菲. 新发展理念与气候变化: 以国家自主贡献为视角 [J]. 重庆理工大学学报, 2019 (2): 7-16.

[174] 梁苑慧. 近二十年来云南昆明生态城市研究综述 [J]. 昆明学院学报, 2020 (1): 34-43.

[175] 林振聪. 公园城市代表城市发展更高级形态 [J]. 广西城镇建设, 2020 (4): 7.

[176] 刘滨谊, 陈楠, 余露, 等. 趣水·营城: 南宁建设公园城市图径探析 [J]. 中国园林, 2020 (4): 6-11.

[177] 刘光强. 以"五治"打造城市治理现代化典范城区 [J]. 先锋, 2020 (1): 33-34.

[178] 刘慧敏. 阳泉市公园城市建设框架体系构建分析 [J]. 建材与装饰, 2020 (5): 91-92.

[179] 刘金, 葛晓梅. 新发展理念对辩证思维方式的新发展 [J]. 哈

尔滨师范大学社会科学学报，2018（6）：18-21.

[180] 刘金，张安琪，韩祁祺. 河北雄安新区绿色发展路径探析 [J]. 城市，2018（12）：10-17.

[181] 刘经邦，王樊，周洪生，等. 城市智慧公园的系统设计 [J]. 湖北农机化，2020（1）：191-192.

[182] 刘君. 城市规划设计中生态城市规划 [J]. 住宅与房地产，2020（6）：98.

[183] 刘清颖，马江萍. 海绵城市建设下城市公园景观设计：以上海为例 [J]. 科技通报，2020（2）：80-83.

[184] 刘琼. 公园城市消费场景研究 [J]. 城乡规划，2019（1）：65-72.

[185] 刘锐. 新发展理念下合肥市人居环境与经济高质量协调发展分析与预测 [J]. 巢湖学院学报，2019（6）：1-9.

[186] 刘颂，杨莹，贾虎，等. 基于多源数据的上海城市公园使用满意度关键影响因素 [J]. 中国城市林业，2020（2）：51-56.

[187] 刘涛. 论人工湿地在生态城市建设中的作用 [J]. 环境与发展，2019（11）：178-179.

[188] 刘童. 城市公园园林绿化可持续发展研究 [J]. 东方企业文化，2019（S2）：216.

[189] 刘伟. 坚持新发展理念，推动现代化经济体系建设：学习习近平新时代中国特色社会主义思想关于新发展理念的体会 [J]. 管理世界，2017（12）：1-7.

[190] 刘文婷. 刍议园林设计创新思维在现代城市建设中的应用 [J]. 智能城市，2020（4）：33-34.

[191] 刘晓明. 城市"双修"视阈下建设生态城市的对策建议：以济南市为例 [J]. 济南职业学院学报，2019（6）：1-4，11.

[192] 刘欣葵. 建设国际一流和谐宜居的现代化超大城市治理体系 [J]. 城市管理与科技，2018（3）：18-20.

[193] 刘彦平，何德旭. 公园城市与成都城市品牌价值 [J]. 城乡规划，2019（1）：31-37.

[194] 刘洋，张晓瑞，张奇智. 公园城市研究现状及未来展望 [J]. 湖南城市学院学报，2020（1）：44-48.

[195] 刘洋. 关于城市规划设计中生态城市规划的思考 [J]. 科技创新与应用, 2020 (1)：104-105.

[196] 刘玉年. 贯彻新发展理念 推进淮河生态经济带高质量发展 [J]. 治淮, 2019 (12)：4-6.

[197] 刘正则. 国家治理现代化视阈下城市公共危机治理的困境及实现路径 [J]. 重庆城市管理职业学院学报, 2019 (1)：16-20.

[198] 卢中辉, 沈溪涓, 何品蓉. 基于层次分析法的生态城市指标体系构建研究 [J]. 四川水泥, 2018 (12)：109.

[199] 陆卫东. 充分发挥司法行政职能作用 为全面提升上海城市治理现代化水平作出积极贡献 [J]. 中国司法, 2020 (1)：10-14.

[200] 陆洲. 现代城市道路园林景观设计及植物配置分析 [J]. 建材与装饰, 2020 (1)：133-134.

[201] 罗家旺, 曹文宏. 新发展理念的总体性方法 [J]. 华侨大学学报, 2020 (1)：5-13, 35.

[202] 罗静茹, 侯方堃, 何莹琨. "公园城市"语境下的特色小城镇规划初探：以成都市新场镇为例 [J]. 小城镇建设, 2020 (2)：94-101, 110.

[203] 吕斌. 营造韧性魅力社区 助力城市治理现代化 [J]. 先锋, 2020 (3)：23-25.

[204] 吕圣东, 严婷婷, 周广坤. 重塑城市公园开放性："开放街区化"的理念和启示 [J]. 中国园林, 2020 (3)：71-75.

[205] 吕雯. 基于城市绿地系统下城市公园生态设计探究 [J]. 佳木斯职业学院学报, 2018 (11)：470, 472.

[206] 麻佳琳. 关于现代城市环境艺术设计的美学追求 [J]. 科学大众, 2020 (2)：146.

[207] 马世骁, 王一, 杨明泽. 智慧城市视角下的低碳生态城市建设 [J]. 沈阳建筑大学学报, 2018 (6)：574-578.

[208] 马雨阳. 公园城市发展策略研究：以成都市为例 [J]. 农家参谋, 2020 (10)：222-223.

[209] 门秀琴. 公园城市的乡村表达：崇州道明镇"竹艺村"川西林盘发展治理的实践 [J]. 中共成都市委党校学报, 2018 (6)：79-82.

[210] 孟洁. 新发展理念的马克思主义政治经济学研究 [J]. 老字号

品牌营销, 2019 (7): 24-25.

[211] 闵希莹, 胡天新, 杜澍, 等. 公园城市与城市生活品质研究 [J]. 城乡规划, 2019 (1): 55-64.

[212] 牛恺. 生态城市理念下的城市规划要点 [J]. 建材与装饰, 2020 (7): 62-63.

[213] 欧阳翠玉, 龙春英. 老年人对城市公园音景的偏好 [J]. 福建林业科技, 2019 (4): 106-111.

[214] 潘明生. 宁夏机关事务: 新发展理念促高质量发展 [J]. 中国机关后勤, 2019 (11): 24-26.

[215] 彭姝. 城市治理现代化演进中的市场机制作用分析 [J]. 特区实践与理论, 2019 (5): 124-128.

[216] 彭斯, 连彦, 郭赞. 后展会时期城市公园游憩设施体系建设分析: 以北京园博园为例 [J]. 住宅与房地产, 2019 (25): 45.

[217] 皮微, 高瑜. 生态文明理念下的城市公园规划策略研究: 以株洲市雪峰岭城市公园修建性详细规划为例 [J]. 绿色环保建材, 2020 (5): 241, 244.

[218] 朴勇. 现代城市公园地形造景设计研究 [J]. 南方农机, 2019 (3): 239.

[219] 秦彬, 王燕飞, 上官阳光. 不同空间结构类型的城市公园的微气候研究 [J]. 山西建筑, 2019 (4): 205-207.

[220] 秦国伟, 董玮. 城市治理现代化的逻辑范式、作用机制与实践路径 [J]. 河南社会科学, 2018 (5): 84-87.

[221] 秦宣. 新发展理念与中国改革开放的历史经验 [J]. 中国特色社会主义研究, 2018 (6): 20-25.

[222] 秦雪, 杜鸿宇, 计燕. 城市公园中大树保护与区域景观功能改造融合 [J]. 中国花卉园艺, 2020 (2): 44-45.

[223] 屈建国. 新发展理念的把握与运用 [J]. 企业文明, 2020 (1): 28-30.

[224] 屈明洋. 生态城市建设与文化产业集群的协同发展研究 [J]. 技术经济与管理研究, 2020 (1): 114-118.

[225] 群仲平. 自觉用好新发展理念 "指挥棒" [J]. 群众, 2019 (24): 1.

[226] 任莉. 基于绿色城市理念的天津泰达科技专业化园区设计提升方案 [J]. 装饰, 2018 (12): 136-137.

[227] 戎生权. 贯彻新发展理念 致力打造改革发展新高地 [J]. 支部建设, 2020 (2): 25.

[228] 戎彦珍, 黄春林, 杨天开, 等. 新型智慧城市背景下城市治理能力现代化模型构建 [J]. 中国管理信息化, 2019 (19): 167-168.

[229] 尚晨光, 张雅静. 公园城市: 工业文明城市理念的一场革命 [J]. 湖北理工学院学报, 2019 (2): 13-18.

[230] 尚传斌. 增强科学发展本领要善于贯彻新发展理念 [J]. 内蒙古人大, 2018 (11): 34-35.

[231] 尚佩鋆, 陈晋. 城市公园地域化景观塑造研究 [J]. 农村经济与科技, 2020 (1): 321-322.

[232] 沈健. 城市规划中生态城市规划思路与方法 [J]. 建材与装饰, 2020 (12): 76-77.

[233] 沈洁. 探析环境工程建设在生态城市中的实践 [J]. 绿色环保建材, 2020 (6): 62, 65.

[234] 沈琪萍, 骆雁. 城市园林建设中垂直绿化发展现状和对策 [J]. 绿色科技, 2020 (3): 49-50.

[235] 沈伟腾, 陈琦, 胡求光. 贯彻新发展理念 推进海洋经济高质量发展: 2018 年中国海洋经济论坛综述 [J]. 中国渔业经济, 2018 (6): 18-22.

[236] 盛儒超. 绿色建筑材料在绿色城市建设发展中的应用 [J]. 四川建材, 2019 (1): 7-8.

[237] 施吉良, 高龙. 休闲体育在提升普洱休闲宜居生态城市竞争力中的作用研究 [J]. 普洱学院学报, 2019 (6): 60-62.

[238] 施苏原. 生态城市的可持续性讨论: 以中新天津生态城为例 [J]. 低碳世界, 2020 (2): 128-129.

[239] 石蕾洁, 赵牡丹. 城市公园夏季冷岛效应及其影响因素研究: 以西安市中心城区为例 [J]. 干旱区资源与环境, 2020 (5): 154-161.

[240] 石月荣. 淮海经济区中心城市治理体系和治理能力现代化对策性研究: 基于公共突发性事件应急管理 [J]. 淮海文汇, 2020 (2): 14-17.

[241] 石作洲. 国家治理体系现代化背景下的城市社区多元共治研究：以晋江市为例 [J]. 福建省社会主义学院学报, 2019 (6): 105-111.

[242] 史光武. 用新发展理念推进山区新型城镇化建设：基于恩施市舞阳坝街道办事处的实践与思考 [J]. 中国经贸导刊, 2019 (23): 71-73.

[243] 史济轩. 园林植物在城市公园的应用与探析 [J]. 农家参谋, 2020 (17): 84.

[244] 史维纳. 城市公园地域文化表达研究 [J]. 美与时代, 2019 (12): 87-88.

[245] 史云贵, 刘晓君. 绿色治理：走向公园城市的理性路径 [J]. 四川大学学报, 2019 (3): 38-44.

[246] 舒怀. 生态城市建设思考：以枞园为例 [J]. 城市建设理论研究, 2019 (17): 15.

[247] 舒洁, 石建莹. 深化数字政府建设 推动城市治理现代化 [J]. 区域治理, 2019 (33): 23-25, 211.

[248] 宋刚, 刘志, 黄玉冰. 以大数据建设引领综合执法改革，创新橄榄型城市治理模式，形成市域社会治理现代化的"北京实践" [J]. 办公自动化, 2020 (5): 8-10.

[249] 苏源. 近代南昌市城市公园建设与规划（1882—1949）[J]. 住宅科技, 2019 (12): 14-19.

[250] 孙皓, 刘承煜. 试析地方特色融入城市公园景观的策略 [J]. 大众文艺, 2019 (2): 126-127.

[251] 孙建平. 发展与安全并进 推动超大城市治理现代化 [J]. 先锋, 2020 (1): 26-28.

[252] 孙静. 坚持新发展理念 引领实现高质量发展路径探析：以库尔勒市为例 [J]. 品位经典, 2019 (10): 56-58.

[253] 孙琳. 新发展理念对新自由主义的超越 [J]. 国外社会科学, 2019 (6): 13-20.

[254] 孙琳. 新发展理念与马克思主义发展观 [J]. 理论探讨, 2019 (3): 68-74.

[255] 孙梦莹, 秦兴方. 深刻把握新发展理念的内在逻辑与重大战略意义 [J]. 党建, 2019 (12): 20-21.

[256] 孙涛, 韩清颖. 我国城市社区"网格化管理"建设：国家治理

现代化在基层的创新：以广州市越秀区为例［J］.华东经济管理，2019（5）：5-11.

［257］孙涛.美国推进城市治理现代化的经验及其中国借鉴［J］.理论导刊，2018（4）：42-47.

［258］孙涛.新加坡推进城市治理现代化的经验及其中国借鉴［J］.改革与战略，2018（7）：110-115.

［259］孙伟.城市公园开放式管理发展思路与对策探讨［J］.现代园艺，2020（4）：110-111.

［260］孙笑颜，张泽禹.城市公园园林绿化养护与管理措施［J］.吉林蔬菜，2020（2）：80-81.

［261］孙毅.微型公园在现代城市公共空间设计中的应用探析［J］.中国建材科技，2018（24）：2.

［262］孙自胜.新发展理念的多重理解维度［J］.常熟理工学院学报，2020（3）：28-33.

［263］谭坚欣.基于宜居理念的城市生态规划思考［J］.建材与装饰，2020（8）：121-122.

［264］唐华.以公园城市理念重塑空间格局［J］.当代县域经济，2019（12）：9.

［265］唐皇凤，王锐.韧性城市建设：我国城市公共安全治理现代化的优选之路［J］.内蒙古社会科学，2019（1）：46-54.

［266］唐文韬，张磊，郭莉缘，等.城市公园景观的情境化设计［J］.大众文艺，2020（6）：100-101.

［267］唐孝祥，余文博.广州近代城市公园的中西合璧特征探析［J］.广东园林，2020（1）：70-74.

［268］陶立业，陆钰霜.治理能力现代化与城市国际形象塑造力提升［J］.四川行政学院学报，2018（6）：21-26.

［269］陶怡.绿色生态城市规划设计理念及策略研讨［J］.住宅与房地产，2019（15）：230.

［270］田宝江.生态导向的城市设计实践与反思［J］.中国园林，2018（12）：13-16.

［271］田青.中国现代城市地理文化发展传播研究：评《城市地理分析》［J］.地理科学进展，2020（4）：708.

后记

　　本书呈现的相关内容是笔者主持的中共四川省委省直机关党校2018年校级重点课题"成都美丽宜居公园城市建设的价值选择与实践推进"（项目编号：SCJD2018ZD04 ）的研究成果。2018年，笔者作为四川省委选派的第5批援藏干部，奔赴四川省甘孜藏族自治州（下文简称甘孜州），进行为期2年零8个月的挂职援藏工作，本人先后担任甘孜州民族干部学校讲师和中共甘孜州委党校讲师。同年，《成都美丽宜居公园城市建设的价值选择与实践推进》非常幸运地获得了中共四川省委省直机关党校校级重点课题的资助，这进一步激发了笔者在挂职援藏期间推进课题研究的热情，缓解了课题研究经费不足的实际困难。另外，笔者还非常幸运地考取了陕西师范大学马克思主义学院2022级马克思主义基本原理专业全日制定向就业博士研究生，师从著名马克思主义学者范建刚教授，有机会向李忠军教授、任晓伟教授、刘力波教授、张琳教授、王永和教授、王涛教授、董辉教授、姚崇教授、蒋万胜教授、阎树群教授、张帆教授、王晓荣教授、杨平教授、张小军教授、张兵教授、陈答才教授、孙云教授、朱尉教授、阎杰花教授、吴正海教授、王东红副教授、李娟先副教授、王佳副编审请教，还向来自全国各地关注国家中心城市、开放城市、园林城市、城乡融合、乡村振兴的老师、同学和朋友们经常请教，并充分研讨"公园城市"的相关话题，进一步增加了本书写作的勇气和底气。

在本书近 5 年（2018 年—2023 年）的研究和撰写过程中，笔者深入梳理了有关城市建设、公园城市、城市发展、城市更新、乡村振兴、城乡融合，特别是公园城市建设的研究文献，也相继到北京、上海、重庆、广州、南京、杭州、西安、太原、扬州、贵阳、桂林、郴州、武汉、深圳、湛江、长治、徐州等城市进行了实地考察调研，尤其是对成都市辖区内的青羊区、锦江区、武侯区、金牛区、成华区、郫都区、龙泉驿区、温江区、双流区、新都区、彭州市、崇州市、简阳市、金堂县、大邑县、蒲江县，成都东部新城、高新区等有关区（市、县）进行了观察与思考，试图在理论上更加充分地为阐释成都建设公园城市的科学内涵、成都公园城市建设的价值选择、成都公园城市建设的基本规律等重大理论命题及其内在关联提供一个较为恰当的，或者近乎合理的分析理解框架。在结合成都美丽宜居公园城市建设的实践推进中，能够发现和探讨或者找寻出应对美丽宜居公园城市建设所面临的重大挑战之策略，特别是在理论与实践、历史与现实、感性与理性、个性与共性、人与社会、人与自然等要素相结合的基础上，提炼出成都美丽宜居公园城市建设创新实践的生动经验。这样，在我们全面建设社会主义现代化国家的关键时期，能够更加有助于我们对公园城市建设规律的把握，有助于我们对高质量推进乡村振兴规律的把握，有助于我们对高质量实施城乡融合战略规律的把握，有助于我们对高质量实施成渝地区双城经济圈国家战略规律的把握，有助于我们更加深刻了解以人为中心的新型城镇化，有助于我们更好更快地实现对美好生活向往的实践内涵。

本书是笔者的第 2 部专著，在本书的写作和调查研究过程中，得到了很多领导、师长和朋友的鼎力支持和帮助，包括很多同行、同事、专家学者、师友，以及那些接受过我访谈和陪同、配合我完成调查研究的朋友们。第一，感谢我的硕士导师和博士导师对我的全力支持和教导，他们在我的研究中给了我很多启发和指导，在我的生活中给了我很多关心和爱护，在我的事业发展中给了我很多帮助和扶持。第二，感谢培养我完成硕士、博士研究生学习的母校，中共四川省委党校和陕西师范大学的各位老师和同学。在我的学习和研究过程中，你们为我提供了很多颇有价值的研究思路和方法。第三，感谢中共四川省委省直机关党校对我的培养。第四，感谢西南财经大学出版社的乔雷老师对本书编辑、校对和出版工作的指导和帮助。第五，感谢洪向华教授、银元副教授、刘思妗副教授、王胡林副教授、卢莹莹编辑、郝永红教授、王瑞林副教授、罗一平副教授、潘宗保副教授、刘洪斌副教授、倪婷副教授、杨秀平副教授、王元君老师、李姗姗副教授、吴明永教授、白清平教授、阚立娜副教授，等等。他们都为本书的撰写和研究提供了宝贵的意见建议、思想启发和史料支撑。第六，感谢我的父母和家人，特别是我的妻子许敏的支持和鼓励，还有我的儿子郝翌学给我的激励和快乐。

非常抱歉的是，由于笔者见识浅陋、笔力不逮，所掌握的资料和开展的实际调查也很有限，在时间仓促的情况下几经修改才得以完稿，本书存在部分不当之处在所难免，恳请读者朋友批评指正。

郝儒杰

2023 年 1 月 9 日于成都